행복에 이르는 길

행복에 이르는 길

2015년 4월 17일 교회 인가
2015년 5월 14일 초판 1쇄
2019년 5월 2일 초판 4쇄

지은이	허성준
펴낸이	박현동
펴낸곳	성 베네딕도회 왜관수도원 ⓒ 분도출판사
찍은곳	분도인쇄소
등록	1962년 5월 7일 라15호
주소	04606 서울시 중구 장충단로 188 (분도출판사 편집부)
	39889 경북 칠곡군 왜관읍 관문로 61 (분도인쇄소)
전화	02-2266-3605 (분도출판사) · 054-970-2400 (분도인쇄소)
팩스	02-2271-3605 (분도출판사) · 054-971-0179 (분도인쇄소)
홈페이지	www.bundobook.co.kr

ISBN 978-89-419-1509-6 03230

* 저작권법에 의해 보호를 받는 저작물이므로 무단 전재와 무단 복제를 금합니다.

행복에 이르는 길

허성준 지음

분도출판사

【일러두기】
1. 성경 인용문은 『성경』(한국 천주교 주교회의 2005)을 따르되 문맥에 따라 다듬었다.
2. 교부 시대 인명·지명은 『교부학 인명·지명 용례집』(하성수 엮음, 분도출판사 2008)을, 외래어 표기법은 국립국어원 규정을 따르는 것을 원칙으로 하되 널리 쓰이는 몇몇 표현은 관례를 따랐다.

들어가며

인간은 행복을 추구하는 존재며 참된 행복을 추구하는 것은 인간의 기본적인 갈망이기도 하다. 인간은 행복하지 못할 때 여러 심리적인 어려움에 직면하고, 심지어 극단적인 선택을 하기도 한다. 그러나 우리가 생각하는 행복이 과연 참된 행복일까? 우리는 행복을 말하면서 좋은 기분 혹은 행운을 행복이라고 쉽게 단정해 버리곤 한다. 그래서 복권에 당첨되거나 좋은 일이 생기면 '정말 행복하다!'고 말한다. 또한 누군가와 깊은 사랑에 빠지면 스스로를 행복한 사람이라고 생각한다. 그러나 이러한 것들은 시간이 가면 곧 사라져 버리기에 참된 행복이라고 말할 수 없다. 참된 행복이란 한시적인 것이 아니라 영원하고 불변해야 한다. 그리스도인은 바로 이러한 영원하고 참된 행복을 추구하는 사람이다. 그러나 참된 행복을 추구하기 위해서는 먼저 우리의 행복을 가로막는 생각들이 무엇인지 정확히 알아야 하고 그것을 거슬러 치열한 영적 싸움을 해야 한다. 하늘의 먹구름이 부지불식간에 태양을 가려 버리듯 나쁜 생각들은 맑고 순수한 우리의 정신에 금방 검은 그림자를 드리운다.[1] 만약 우리가 사탄이 건네는 '달콤한 음료'를 조금 맛보게 된다면, 그 음료의 중독성 때문에 우리는 결코 거기서 헤어나지 못할 것이다. 그러므로 참된 행복에 이르기 위해서는 먼저 악덕을 거스른 영적 싸움이 반드시 선행되어야 한다.

사막의 신클레티카 암마Amma Syncletica는 이렇게 말했다. "완전한 자가 되기 위해서는 악마를 거슬러 우리의 안과 밖이 모두 무장되어 있어야 한다. 밖에서는 악마들이 공격해 오고, 안에서는 그 놈들이 날뛰기 때문이다. 그러므로 추잡한 영들의 외적 공격을 경계할 뿐만 아니라 내부에서 일어나는 고약한 생각들도 몰아내야 한다."[2] 그녀는 인간 내부에서 일어나는 고약한 생각들을 늘 경계하라고 권고했다. 경계를 소홀히 할 때, 여지없이 사탄의 공격을 받고 급기야 악마의 덫에 걸려 넘어지기 때문이다. 예수님께서는 마음 안에서 일어나는 나쁜 생각들을 더 구체적으로 설명하셨다. "사람에게서 나오는 것, 그것이 사람을 더럽힌다. 안에서 곧 사람의 마음에서 나쁜 생각들, 불륜, 도둑질, 살인, 간음, 탐욕, 악의, 사기, 방탕, 시기, 중상, 교만, 어리석음이 나온다. 이런 악한 것들이 모두 안에서 나와 사람을 더럽힌다"(마르 7,20-23).

하느님을 향한 영적 여정에서 대체 무엇을 거슬러 싸워야 하는지 아는 것이 중요하다. 즉, 악덕의 실체는 무엇이며 그것을 어떻게 극복해 가야 하는지, 우리의 궁극 목적지는 어디인지 제대로 아는 것은 매우 중요하다. 현대에는 사탄 혹은 악마가 더 교묘하고 현란하게 사람들을 현혹한다. 악마의 실체도 모호해졌고 악덕에 떨어져도 아무런 양심의 가책을 느끼지 못하고 살아가는 사람도 많다. 이것은 진실로 하느님께 나아가는 우리의 영적 여정에 심각한 위험이 될 수 있다. 수도 교부들은 이미 이 영적 여정에서 닥칠 수 있는 위험성을 지적했다. 이에 대한 수도 교부들의 주옥같은 영적 가르침은 우리의 영적 여정에 중요한 길잡이가 될 것이다.

이 책에서는 요한 카시아누스의 여덟 가지 악덕의 순서에 따라 수도 교부들의 가르침을 하나씩 살펴보고 그것들을 어떻게 극복해야 하는지 알아보고자 한다. 오랜 작업이 이렇게 결실을 맺어 독자들과 나누게 되어 무엇보다 하느님께 감사를 드린다. 그동안 직간접적으로 격려해 주시고 기도로 함께해 주신 렉시오 디비나 회원들과 기꺼이 오랜 시간을 내어 꼼꼼히 원고 교정을 봐 주신 이 엘리야 수녀님께 특별히 감사의 마음을 전한다.

이 책이 영적 여정을 시작하려는 분들과 혹은 이미 시작하신 분들에게 작은 안내판이 될 수 있다면 그보다 더한 기쁨은 없을 것 같다.

2015년 4월
허 가브리엘 신부 OSB

차례

들어가며　5

서론　15
   1. 행복이란?　15
   2. 관상을 향한 여정　18
   3. 여덟 가지 악덕　26

제1장 **탐식**(⇔절제)　29
   1. 탐식의 예　29
   2. 탐식의 원인　34
   3. 탐식과 감정 상태　35
   4. 탐식의 결과　37
   5. 사막 교부들의 가르침　38
   6. 에바그리우스의 가르침　45
   7. 요한 카시아누스의 가르침　47
   8. 탐식을 극복하는 방법　56

제2장 **간음**(⇔정결)　59

　　1. 간음의 예　59

　　2. 간음의 원인　63

　　3. 사탄의 집요한 공격　65

　　4. 간음을 거스른 무기　66

　　5. 간음의 결과　67

　　6. 정결의 덕　69

　　7. 사막 교부들의 가르침　73

　　8. 에바그리우스의 가르침　79

　　9. 요한 카시아누스의 가르침　81

　　10. 간음을 극복하는 방법　85

제3장 **탐욕**(⇔가난)　91

　　1. 탐욕의 예　91

　　2. 탐욕의 원인　95

　　3. 탐욕과 행복　97

　　4. 탐욕과 소비문화　98

　　5. 유욕지상과 무욕지상　100

　　6. 탐욕의 결과　101

　　7. 사막 교부들의 가르침　104

　　8. 에바그리우스의 가르침　105

　　9. 요한 카시아누스의 가르침　106

　　10. 탐욕을 극복하는 방법　114

제4장 **분노**(⇔온유)　119

　　1. 분노의 예　119
　　2. 분노의 원인　124
　　3. 분노와 폭력　128
　　4. 분노 관리　129
　　5. 분노의 결과　131
　　6. 분노 예방　133
　　7. 사막 교부들의 가르침　134
　　8. 에바그리우스의 가르침　137
　　9. 요한 카시아누스의 가르침　139
　　10. 분노를 극복하는 방법　146

제5장 **슬픔**(⇔기쁨)　151

　　1. 슬픔의 예　151
　　2. 슬픔의 원인　152
　　3. 슬픔의 긍정적인 측면　154
　　4. 합리적인 생각과 비합리적인 생각　155
　　5. 슬픔과 우울증　156
　　6. 성경의 가르침　158
　　7. 사막 교부들의 가르침　159
　　8. 에바그리우스의 가르침　162
　　9. 요한 카시아누스의 가르침　163
　　10. 슬픔을 극복하는 방법　167

제6장 **나태**(⇔열정) 169
    1. 나태의 예 169
    2. 나태의 원인 171
    3. 나태의 증상 172
    4. 나태의 파괴성 173
    5. 나태의 결과 174
    6. 성경의 가르침 175
    7. 사막 교부들의 가르침 178
    8. 에바그리우스의 가르침 182
    9. 요한 카시아누스의 가르침 186
    10. 나태를 극복하는 방법 191

제7장 **허영심**(⇔진솔) 197
    1. 허영심의 예 197
    2. 허영심의 원인 201
    3. 허영심의 공격 202
    4. 우상숭배자 203
    5. 허영심의 함정 203
    6. 하느님의 영광 204
    7. 참된 행복의 추구 205
    8. 참된 자아에 대한 자각 206
    9. 사막 교부들의 가르침 207
    10. 에바그리우스의 가르침 209
    11. 요한 카시아누스의 가르침 212
    12. 허영심을 극복하는 방법 215

제8장 **교만**(⇔겸손) 219
    1. 교만의 예 219
    2. 교만의 원인 221
    3. 교만과 바쁨의 문화 222
    4. 영적인 시간 낭비 224
    5. 교만과 겸손 225
    6. 순종과 겸손 226
    7. 성경의 가르침 227
    8. 마니피캇 228
    9. 교만의 결과 229
    10. 사막 교부들의 가르침 231
    11. 에바그리우스의 가르침 232
    12. 요한 카시아누스의 가르침 234
    13. 교만을 극복하는 방법 238

나가며 241

약어 245
주 246
참고문헌 260
인명 색인 263
주제 색인 266
성경 색인 269

서론

1. 행복이란?

용어와 개념

국어사전에 따르면 행복이란, 복된 운수 혹은 생활에서 충분한 만족과 기쁨을 느끼는 흐뭇한 상태를 말한다. 행복을 뜻하는 라틴어 펠리스felix는 그리스어에 그 어원을 두고 있다. 고대인들에게는 자손이 많고 비옥한 땅과 가축을 많이 소유한 것이 행운이자 행복이었다. 이처럼 고대 사회에서는 행복과 행운이 거의 동일한 의미로 사용되었다. 이런 생각은 유럽 문화에도 깊이 스며들었다. 독일어 글뤼크Glück는 행복과 행운이라는 뜻을 포함하고 있으며, 프랑스어 보뇌르bonheur는 좋은 조짐이나 좋은 징조라는 뜻을 포함한다. 영어권에서 사용하는 해피니스 happiness는 기회나 행운을 뜻하는 옛말 해프 hap가 그 어원이다.

고대 철학자 아리스토텔레스는 그리스어 '에우다이모니아' eudaimonia를 행복을 뜻하는 개념으로 사용했다. 그는 인간의 고유한 기능이 덕에 따라 탁월하게 발휘되는 영혼의 활동이 바로 행복, 즉 에우다이모니아라고 정의했다. 행복이 느낌이나 감정의 문제가 아니라 존재의 문제임을 에우다이모니아라는 단어가 잘 표현해 주고 있다. 그러나 신약성경을 그리스어로 번역한 사람들은 행복이라는 단어를 아리스토텔레스의 에우다이모니아가 아닌 '마카리오스' makarios로 번역했다. 이것을 다시 히에로니무스는 라틴어 불가타 성경에서 '베아투스' beatus라는 단어를 사용했다. 이 라틴어 단어는 '축복받은, 행복한, 풍족한, 번영하는, 다행한' 등과 같은 뜻을 함축하고 있다. 그러므로 이 단어에는 행복과 축복의 개념이 합쳐져 있다. 결국 참된 행복이란 단순히 어떤 느낌이나 감정 상태를 뜻하는 것이 아니라, 하느님의 생명과 영을 나누는 것임을 이 단어가 잘 드러내고 있다.³

참된 행복

행운과 행복이 동일한 의미로 사용되었던 원시적 사고방식은 현재까지도 크게 바뀌지 않았다. 그러나 참된 행복이란 시간이 가면서 변하거나 일시적인 것이 아님을 많은 현자가 지적했다. 즉, 참된 행복이란 가변적인 것이 아니라, 세월이 흐르고 사회가 변해도 결코 변하지 않아야 한다는 것이다. 기원전 6세기의 고대 그리스 철학자들은 행복과 행운이 다르다는 사실을 처음으로 지적했다. 그들은 행복이란 한시적인 것이 아니라 영원해야 함을 강조했다. 영원한 행복에 대해 언급한 대표적인 고대 인물이 바로 플라톤이다. 인간은 가장 깊은 내면의 욕망이 충족될 때 비로소 행복해진다. 『향연』에서 플라톤은 인간이 선하고 아름다운 것을 지닐 때 비로소 참된 행복에 이른다고 밝히고 있다. 그러므로 플라톤은 낮은 단계의 인간적 욕망들을 제어하기 위해 반드시 수행이 필요하다고 역설했다. 이러한 수행을 통해 인간은 참된 선善과 미美를 관상할 수 있게 되고, 그때 참된 행복에 이르게 된다는 것이다. 이렇듯 플라톤은 행복을 참된 선과 미에 대한 관상이라고 보았다. 그러나 그의 제자였던 아리스토텔레스는 스승과 약간 다르게 행복을 정의했다. "인간은 원래 합리적인 존재이기에, 합리적 행동인 덕행 실천을 통해 영원히 불변하는 '최고선'(Summum Bonum)으로 나아갈 때 비로소 참된 행복을 맛보게 된다"고 했다. 그는 행복이란 가변적인 쾌락이나 세상적인 재산 혹은 권력이 아니라, 최고선인 진리를 향해 나아갈 때 얻게 된다고 본 것이다. 그 후 2세기 그리스에 플라톤과 아리스토텔레스의 원리를 결합한 신플라톤주의가 널리 퍼졌다. 인간은 낮은 단계의 욕망이나 욕정에서 벗어나 영적 수행인 덕행 실천을 통해 참된 즐거움을 맛보며, 진리에 대한 관상 안에서 비로소 참된 기쁨을 얻는다는 것이다. 이러한 생각은 후에 그리스도교에 크게 영향을 주어 결국 수도생활의 핵심 요소가 된다.[4] 플라톤의 관상과 아리스토텔레스의 덕행 실천은 수도생활의 핵심 요소이다. 그러므로 수행자란 낮은 단계의 욕망에서 벗어나 영적 수행인 덕행의 실천을 통해 즐거움을 찾고, 그로 인해 관상 안에서 참된 기쁨을 얻는 자들이다.

2. 관상을 향한 여정

많은 영성가가 지적했듯이, 관상 안에서 참된 기쁨을 얻기 위한 영적 여정은 단순하지 않으며 갑자기 이루어지는 것도 아니다. 하느님과의 합일 혹은 완덕이나 관상은 오랜 시간이 필요하고 여러 단계를 거쳐야 한다. 이를 일곱 단계로 정의할 수 있다.

첫 단계는 돌아섬이다. 참된 하느님을 향해 돌아서야만 영적 여정을 시작할 수 있다. 하느님을 향해 돌아서는 것을 그리스어로 '메타노이아'*metanoia*, 즉 회심이라고 한다. 참된 회심이란 하느님이 아닌 모든 것에서 돌아서서 하느님만을 향할 때 비로소 가능하다. 이것이 진정한 의미의 돌아섬이자 회심이다. 많은 성인과 성녀가 결정적인 회심의 순간을 경험했다. 성경에도 참된 회심의 예가 여럿 등장한다. 요나와 니네베 사람들(요나 3,1-10 참조), 사마리아 여인(요한 4,1-42 참조), 세관장 자캐오(루카 19,1-10 참조), 바오로 사도(사도 22,1-21 참조) 등이다. 특히 루카 복음 15장의 되찾은 아들의 비유에서 둘째 아들의 모습은 회심의 전형이기도 하다. 그는 아버지와 함께 있을 때는 평화롭게 자기 자신 안에 충만히 머물 수 있었다. 그러나 아버지를 떠나 방탕하게 살아감으로써 그는 자기 자신으로부터 멀어지게 되었다. 그는 더 이상 하느님을 관상할 수 없었고 그분께 나아갈 수도 없었다. 그러나 그는 극한 상황 속에서 정신을 차리고 깊이 회심하여 아버지께로 되돌아왔다(루카 15,11-32 참조). 그때 그는 자기 밖에 있다가 비로소 참된 자기 자신에게로 되돌아올 수 있었고 동시에 하느님을 향한 관상의 길로 들어설 수 있었다.

둘째 단계는 물러남이다. 하느님을 향해 돌아선 인간은 이제 모든 번잡한 것에서 물러나야 한다. 고대의 수도 교부들은 회심 후에 세상을 떠나 더 깊은 사막이나 광야로 홀로 물러났다. 이러한 물러남은 일차적이고 지리적 차원의 물러남뿐 아니라, 더 깊은 정신적 · 영적 차원의 모든 집착과 애착에서 물러남을 내포하고 있다. 고대의 수도 교부들은 세상에서 물러나 다양한 금욕 생활을 했다. 영적 차원에서 그리스도인들이 세상을 떠나 사막으로 물러남은 그리스도의 수난에 더욱 깊이 결합하고자 하는 의도였다. 이는 주님의 파스카 신비에 더 깊이 참여하는 매우 특별한 방법이었다.

 셋째 단계는 고독과 침묵 속에 머무르는 것이다. 초기 교회 때부터 하느님을 더 열심히 찾고자 했던 사람들은 세상에서 물러나 고독과 침묵의 장소로 나아갔다. 사막의 교부들은 그러한 고독과 침묵의 장소를 찾아서 들이나 광야 혹은 사막으로 물러났던 영적인 사람이었다. 그들은 사막에서 생활하면서 단순한 외적 침묵이나 고독이 아닌 더 근원적이고 깊은 내적 침묵과 고독의 중요성에 대해 자각했다. 그래서 교부들은 제자들에게 자주 이러한 측면을 강조했다. 예수 그리스도 역시 바쁜 활동 중에도 자주 산이나 조용한 곳으로 물러나 고독과 침묵의 시간을 보내셨다. 그분은 이렇게 몸소 고독과 침묵의 중요성을 드러내셨으며 동시에 그러한 삶을 축성하셨다. 그분의 모범을 충실히 따랐던 많은 사람, 특히 고대의 수도자들은 고독과 침묵 안에서 새롭게 태어날 수 있었다. 고독과 침묵을 통해 세상 안에서 특별한 존재가 될 수 있었으며 전 우주와 새로운 관계로 나아갈 수 있었다. 이러한 고독과 침묵은 기도의 삶에 절대적으로 필요하다. 고독과 침묵은 결코 자기 고립, 개인적 야심이나 이기심을 추구하는 수단이 아니다. 그것은 참된 하느님을 발견하기 위한 중요한 수단임을 직시해야 한다. 우리가 고독과 침묵 안에서 사랑 자체이신 하느님을 발견한다면, 우리는 비로소 하느님의 참된 사랑에 도달할 수 있을 것이다.

넷째 단계는 영적 투쟁이다. 세상에서 물러나 깊은 고독과 침묵 속에 머무르는 수행자는 이제 자신의 적나라한 실존과 직면하게 된다. 자기 내면에 정화되지 않은 수많은 욕망과 욕정이 영혼을 한시도 고요하게 가만 놔두지 않는다. 그러므로 수행자는 이러한 것들을 거슬러 홀로 혹독한 영적 싸움을 거쳐야 한다. 이 영적 싸움에 있어, 고대 이집트의 위대한 수도 교부 에바그리우스 폰티쿠스와 요한 카시아누스는 사탄이 불어넣는 나쁜 생각들을 크게 여덟 가지 범주로 구분하여 설명했다. 어찌 보면 우리의 영성생활이란 이 여덟 가지 악덕을 거스르는 끊임없는 영적 싸움이기도 하다. 사막의 교부들은 영적 여정을 우리 내면에서 일어나는 나쁜 생각들과의 싸움으로 보았다. 사실 인간의 모든 영적 싸움은 생각 안에서 일어나며, 악한 생각의 동기들을 제거해 가는 과정이 바로 수행생활이기도 하다.[5] 우리가 이러한 영적 싸움에서 승리한다면, 마침내 마음의 순결과 완덕에 도달하게 될 것이다.[6]

다섯째 단계는 말씀 수행이다. 사막의 수도 교부들은 한결같이 고독과 침묵의 위험성을 지적했다. 그러므로 고독과 침묵 속에 머물면서도 엄격한 자기 질서가 요구되며 동시에 하느님에게서 한순간도 멀어지지 않도록 하기 위한 영적 수행이 동반되어야 한다. 사막의 수도 교부들은 여러 가지 악덕을 거슬러 깨어 경계할 것을 강조했고, 구체적인 방법으로 훌륭한 영적 수행인 렉시오 디비나(성독, Lectio Divina)를 충실히 할 것을 권고했다. 렉시오 디비나는 한순간도 하느님에게서 초점을 잃지 않기 위해 하느님 말씀인 성경을 온 마음으로 읽고 들으며 끊임없이 그 말씀을 마음으로 되뇌는 묵상인 '반추기도'의 수행을 말한다. 사막의 수도 교부들은 구원의 지혜를 얻고, 참된 생명을 얻기 위해 하느님 말씀만을 그들 삶의 중심에 두었으며, 온종일 말씀과 함께 말씀 안에서 살고자 노력했다. 그들은 이러한 단순한 렉시오 디비나 수행이 하느님과의 깊은 일치의 단계인 높은 관상으로 자신을 인도한다고 확신했다. 우리는 하느님의 말씀에 겸손하게 다가가 우리의 전 존재를 활용해서 말씀을 작게 소리 내어 읽고, 자기의 입으로 지금 여기에서 선포된 하느님의 말씀에 귀를 기울여 들어야 한다. 그리고 마음에 닿는 한 구절을 기억해 두거나 쪽지에 적어 간직하고, 그 말씀을 하루의 영적 양식을 먹듯이 일상의 삶에서 한순간도 놓치지 않고 끊임없이 되뇌는 수행을 해야 한다. 바로 이것이 근본적 의미의 묵상인 반추기도다. 이렇게 끊임없이 한 구절을 되뇌다 보면, 어느덧 그 말씀이 우리의 정신과 온 마음을 차지하게 되고, 우리의 전 존재 안에 울려 퍼지게 된다. 그때 우리는 자연스럽게 주님께 순수하고 불타는 기도를 봉헌할 수 있게 되며 동시에 말씀 안에 편히 쉼도 가능하게 된다. 우리가 렉시오 디비나 수행을 통해서 말씀 안에 편히 쉴 때, 더 이상 세상의 가치 기준이나 사탄은 아무런 역할을 하지 못한다. 이 단계에서는 주님만이 그 영혼의 목적이며 전부이기 때문이다. 렉시오 디비나에 관해서는 『수도 전통에 따른 렉시오 디비나』를 참조하기 바란다.

여섯째 단계는 마음의 순결이다. 모든 수행생활의 꽃이자 열매는 바로 '마음의 순결'(puritas cordis)이다. 이 용어는 그리스어 아파테이아apatheia에서 왔다. 에바그리우스는 하느님을 진실로 갈망하는 영혼은 먼저 금욕적인 수행생활을 통해서 마침내 순수하고 고요한 마음의 상태인 아파테이아를 얻게 된다고 보았다. 아파테이아를 얻게 되면 비로소 관상생활로 넘어가게 된다. 반면에 요한 카시아누스는 『담화집』 제1권에서, 모세 압바Abba Moses의 말을 빌려 이렇게 설명했다. "수도승 생활의 궁극적 목적지는 하느님의 나라며, 거기에 이르기 위한 직접적 목표는 바로 마음의 순결이다."[7] 이것은 대통령이 되려고 하는 사람은 먼저 정치에 입문하여 구체적인 단계를 하나씩 밟아 가야 하는 경우와 같다. 극소수의 예외를 제외하고는, 영성생활에서 직접적 목표인 마음의 순결 없이는 아무도 최종 목적지에 결코 도달할 수가 없다. 요한 클리마쿠스Ioannes Climacus는 하느님께 되돌아가는 여정, 그것은 바로 마음의 순결을 향한 여정이라고 강조하기도 했다. 성경도 마음이 깨끗한 사람만이 하느님을 뵐 수 있다고 언급하고 있다(마태 5,8 참조). 이러한 마음의 순결에 도달하기 위해서는 끊임없는 기도와 통회의 눈물이 전제되어야 한다. 사실 마음의 순결은 단순히 수행자의 인간적인 노력의 결과라기보다 하느님의 전적인 선물이며 기도와 통회의 열매이기도 하다.[8]

일곱째 단계는 마침내 관상생활로 나아감이다. 에바그리우스는 한 영혼이 아파테이아를 얻으면 그때 비로소 관상생활로 나아갈 수 있다고 보았다. 이러한 관상생활은 두 단계를 함축하고 있다. 첫째 단계는 '자연에 대한 관상'(physikē)이다. 수행생활을 통해 마음의 순결을 얻은 영혼은 이제 창조된 모든 피조물 안에서 주님의 숨결을 감지하게 되고 일상의 모든 것 안에서 하느님의 뜻을 직시하게 된다. 더 깊은 둘째 단계는 삼위일체이신 '하느님에 대한 관상'(theologikē)이다. 인간이 깊은 관상의 단계로 나아가게 되면, 더 이상 세상의 피조물을 통하지 않고 직접 삼위일체이신 주님을 '지복직관'(visio beatifica)[9]하게 된다. 관상의 최고 단계인 이 단계에 이르면 주님만이 그 영혼의 모든 것이 된다.

성 베네딕도는 깊은 고독과 침묵 중에 바로 이러한 깊은 관상의 단계로 나아갔으며 예언이나 환시를 자주 체험했다. 그는 541년경, 몬테카시노 수도원에서 환시를 통해 이미 관상의 최고 경지에 이르렀다. 어느 날 밤 베네딕도는 형제들이 모두 잠자고 있을 때, 홀로 일어나 창가에 서서 기도를 바치고 있었다. 그런데 한밤중에 갑자기 하늘에서 강한 빛이 나타나 모든 어둠을 몰아내고 대낮의 빛을 능가할 정도의 강한 광채로 빛나고 있었다. 그때 온 세상이 태양의 한 줄기 빛 아래 모아져서 자기 앞으로 몰려오는 매우 놀라운 광경이 펼쳐졌다. 그때 카푸아의 주교인 제르마노의 영혼이 천사들에 의해 불타는 둥근 물체 안으로 인도되는 것을 보았다. 실제로 제르마노 주교는 바로 그 순간 죽음을 맞이했다.[10] 아무튼 베네딕도 성인뿐 아니라 수많은 성인이 이렇듯 관상의 높은 경지에 이를 수 있었다. 관상에 다다른 영혼은 참된 빛을 아주 조금만 보았다하더라도, 하느님의 무한함 속에서 직관의 눈이 더욱 넓어지게 된다. 그래서 관상가가 보는 것이 영원한 빛 중에서 극히 일부에 지나지 않는다 하더라도, 이것만으로도 그 영혼의 내면은 뜨거운 열정과 사랑으로 불타오르고 하느님과의 인격적 만남이 가능하게 된다. 그때 참된 행복을 맛보게 된다.

3. 여덟 가지 악덕

앞서 인간은 관상 안에서 비로소 참된 행복을 맛보게 된다고 말했지만, 우리 내면에 있는 나쁜 생각들이 관상을 끊임없이 방해한다. 사막의 교부들은 영적 여정을 우리 내면에서 일어나는 나쁜 생각들과의 싸움으로 보았다. 사실 인간의 모든 영적 싸움은 생각에서 일어나며, 악한 생각들의 동기를 제거해 가는 과정이 바로 수행생활이다. 오리게네스Origenes는 모든 죄의 원천과 기원이 바로 이러한 악한 생각들임을 지적했다.[11] 악한 생각이나 나쁜 생각을 그리스어로 로기스모이logismoi[12]라고 한다. 사탄은 바로 로기스모이를 우리 안에 끊임없이 일으켜, 우리로 하여금 고요히 하느님을 관상하지 못하도록 그리고 그분께 나아가지 못하도록 방해한다. 어찌 보면 우리의 영적 여정이란 바로 이러한 나쁜 생각들을 거스른 싸움이기도 하다.

고대 수도 교부 가운데 가장 처음으로 나쁜 생각들을 여덟 가지 악덕으로 정의한 사람은 바로 에바그리우스다. 그는 『프락티코스』Praktikos[13]에서 여덟 가지 악덕을 발생학적인 측면에서 자세히 언급했다. 첫째는 탐식, 둘째는 간음, 셋째는 탐욕, 넷째는 슬픔, 다섯째는 분노, 여섯째는 나태, 일곱째는 헛된 영광, 여덟째는 교만이다.[14] 그의 제자였던 요한 카시아누스는 '로기스모이'라는 용어보다 악덕[15] 혹은 욕정(passiones)이란 용어를 선호하여 에바그리우스의 여덟 가지 악덕을 『제도서』[16] 제5권부터 제12권까지에서 자세히 설명하고 있다. 그는 에바그리우스가 정의한 여덟 가지 악덕의 순서를 대체로 따르고 있지만 슬픔과 분노의 순서를 바꾸어 놓았다. 그리고 『담화집』 제5권에서는 이러한 여덟 가지 악덕의 상호 관계에 대해 더 자세히 설명하고 있다. 중세에 널리 알려진 칠죄종七罪宗은 바로 여덟 가지 악덕에서 비롯되었다.

 이제부터 하느님을 향한 영적 여정을 시작하려는 독자들과 함께 우리가 무엇을 거슬러 싸워야 하는지, 즉 여덟 가지 악덕의 실체와 그것을 어떻게 극복해야 하는지에 대해 자세히 살펴보고자 한다. 고대의 위대한 수도승 교부들, 특히 에바그리우스와 요한 카시아누스의 주옥같은 영적 가르침은 오늘을 살아가는 우리들에게 큰 도움이 되리라고 본다.

제1장

탐식

Gula

여덟 가지 악덕 중 가장 먼저 언급되는 탐식은 먹는 것에 지나치게 욕심을 내는 것을 말한다. 탐식은 다른 악덕들을 불러오기 때문에 기도생활을 깊이 하고자 하는 사람은 꼭 주의해야 한다. 고대 수도 교부들은 탐식을 특별히 경계하라고 자주 권고했다.

1. 탐식의 예

아담과 하와

창세기의 천지창조 이야기에서, 하느님은 아담에게 동산에 있는 모든 열매를 따먹어도 되지만 선과 악을 알게 하는 나무의 열매는 먹지 말라고 하셨다(창세 2,16-17 참조). 하느님은 사람에게 음식을 먹는 것을 금지한 것이 아니라, 먹는 것에 있어 옳고 그른 방식에 대해 권고하신 것이다. 그러나 사탄은 '이걸 먹는다고 무슨 대단한 일이 일어나겠는가?'라며 그들을 유혹했다. 이로써 죄가 세상에 들어오게 되었다.[17] 사실 아담이 받은 세 가지 유혹은 여덟 가지 악덕과 깊이 연관되어 있다. 첫째 유혹은 금지된 선과 악의 나무 열매를 먹고자 한 것이었다(창세 3,6 참조). 이것은 탐식의 악덕을 상징한다. 둘째 유혹은 '너희 눈이 열릴 것이다!'(창세 3,5ㄱ 참조)라는 허영심의 유혹이다. 셋째 유혹은 '너희가 하느님처럼 되어서 선과 악을 알게 될 것이다'(창세 3,5ㄴ 참조)라는 교만의 유혹이다.[18]

에사우와 야곱

창세기에 쌍둥이 에사우와 야곱이 등장한다. 장자인 에사우는 훌륭한 사냥꾼이었지만 동생 야곱은 온순한 사람으로 천막에서 살았다. 어느 날 야곱이 죽을 끓이고 있는데, 에사우가 사냥을 나갔다가 집으로 돌아왔다. 몹시 배가 고팠던 에사우는 동생이 끓이고 있던 콩죽을 달라고 했다. 그러자 야곱이 "먼저 형의 맏아들 권리를 내게 파시오"(창세 25,31)라고 말했다. 에사우는 너무 허기졌기에 맏아들 권리를 대수롭지 않고 생각하고 야곱에게 그것을 팔아 버렸다(창세 25,32-34 참조). 콩죽 한 그릇 때문에 에사우는 맏아들의 권리를 잃어버리고 만다.

이스라엘 백성

이스라엘 백성은 이집트를 탈출한 후 약속의 땅을 향해 삭막한 사막을 거쳐 가야 했다. 그러나 그들은 하느님이 허락하신 천상의 음식인 만나보다 이집트에서 먹었던 맛있는 음식을 더 갈망하게 되었다. "누가 우리에게 고기를 먹여 줄까? 우리가 이집트 땅에서 공짜로 먹던 생선이며, 오이와 수박과 부추와 파와 마늘이 생각나는구나. 이제 우리 기운은 떨어지는데, 보이는 것은 이 만나뿐, 아무것도 없구나"(민수 11,4-6). 이렇게 헛된 음식에 대한 열망이 결국 하느님에 대한 믿음이 아닌 새로운 우상숭배에 떨어지게 만들었다. 사실 모든 병의 원인은 바로 음식을 지나치게 많이 먹고 마시는 탐식에 있으며, 탐식의 결과는 죽음이다. 그러므로 하느님에 대한 신뢰를 저버리지 않고 탐식의 악덕을 피한다면 생명을 연장하게 될 것이다(집회 37,30-31 참조).

예수님을 유혹한 악마

악마는 광야에 계신 예수님에게 다가와 우선 먹는 것으로 그분을 유혹한다. 그분은 사십 일간 밤낮으로 아무것도 먹지 않고 단식하셨기에 몹시 허기지셨다. 사악한 사탄은 각 사람의 가장 약한 부분을 정확하게 공격한다. 아담도 제일 처음 먹는 것에 대한 유혹을 받았다. 아예 처음부터 금지된 음식이라는 것이 없었다면, 그는 탐식의 유혹에 떨어지지 않았을지도 모른다. 예수님도 아예 눈앞에 아무것도 없었다면 유혹당하지 않았을지도 모른다. 그러나 사탄은 "당신이 하느님의 아들이라면 이 돌들에게 빵이 되라고 해 보시오"(마태 4,3)라며 예수님을 유혹한다. 사탄은 창세기의 아담을 덫에 걸리게 한 후, 이제 제2의 아담인 예수님에게도 같은 수법을 쓰려고 했다. 그러나 첫째 아담과 달리 둘째 아담인 예수님께는 이러한 수법이 전혀 통하지 않았다. 예수님은 "사람이 빵만으로 살지 않고, 주님의 입에서 나오는 모든 말씀으로 산다"(신명 8,3)는 신명기의 말씀으로 사탄의 유혹을 단호하게 물리치셨다. 물론 먹는 것은 중요하다. 그러나 그리스도인에게 더 중요한 것은 주님 말씀에 대한 굳건한 믿음이다.

   요한 카시아누스는 예수 그리스도께서 당하신 세 가지 유혹이 여덟 가지 악덕과 깊이 연결되어 있다고 보았다. 첫째 유혹은 '당신이 하느님의 아들이라면 이 돌들에게 빵이 되게 하라'는 것이다(마태 4,3 참조). 이것은 탐식의 악덕을 상징한다. 둘째 유혹은 '당신이 하느님의 아들이라면 성전 꼭대기에서 밑으로 몸을 던져 보라'는 것이다(마태 4,6 참조). 이것은 여덟 가지 악덕 가운데 허영심의 악덕을 상징한다. 셋째 유혹은 '땅에 엎드려 사탄에게 경배하면 세상의 모든 영광을 주겠다'는 것이다(마태 4,9 참조). 이것은 여덟 가지 악덕들 가운데 교만의 악덕을 상징한다. 같은 내용인 루카 복음서에서는 둘째 유혹과 셋째 유혹의 순서가 바뀌어 있다. 요한 카시아누스는 "성전 꼭대기에서 뛰어내려 보라는 유혹은 교만을 상징하고, 엎드려 절하라는 유혹은 물욕을 상징한다"고 말한다.[19] 나는 성전 꼭대기에서 뛰어내려 보라는 유혹은 바로 하느님을 시험하라는 유혹이며, 악마에게 엎드려 절하면 세상의 모든 영광을 주겠다는 유혹은 바로 허영심을 상징한다고 생각한다.

아담과 같은 유혹을 받으신 주님은 우리가 이러한 사탄을 어떻게 극복해야 하는지 모범적으로 보여 주셨다. 결국 첫째 아담은 인류에게 멸망과 죽음을 가져왔지만 둘째 아담인 예수님은 악마를 극복함으로써 우리에게 부활과 영원한 생명을 가져다주었다.[20] 이에 대해 바오로 사도는 이렇게 말하고 있다. "한 사람의 범죄로 많은 사람이 죽었지만, 하느님의 은총과 예수 그리스도 한 사람의 은혜로운 선물은 많은 사람에게 충만히 내렸습니다"(로마 5,15).

2. 탐식의 원인

인간에게 식욕은 원초적이고 본능적인 욕구다. 인간이 식욕을 느끼는 것은 당연하지만 음식을 지나치게 탐하는 것은 위험하다. 성경도 병의 원인이 바로 탐식이며, 그 결과는 죽음임을 지적하고 있다. "사실 병은 음식을 지나치게 먹는 데서 오고 탐식은 구토로 이어진다. 많은 사람들이 탐식 때문에 죽었으나 그것을 피하는 자는 생명을 연장하리라"(집회 37,30-31).

  요즘에는 대중매체들이 식욕을 자극하는 요리 프로그램을 경쟁하듯 제작하며 사람들의 탐식을 부추기고 있다. 그런데 한편에서는 건강과 다이어트를 강조하는 프로그램이 제작되고 있다. 한쪽에서는 탐식을 부추기고, 다른 쪽에서는 다이어트를 강조하는 이러한 모순된 세상 속에 있는 것이다. 물론 인간은 생존을 위해 혹은 먹기 위해 날마다 힘든 노동을 해야 한다. 인간은 먹지 않으면 생존할 수 없다. 늙고 병든 이들에게 곡기가 끊어지는 것은 곧 죽음을 의미한다. 이렇듯 인간에게 먹는다는 것은 참으로 필요하며, 제대로 먹는다는 것은 더욱 중요하다. 우리가 탐식의 악덕을 완전히 잘라 낼 수는 없더라도 영적 수행을 통해 음식에 대한 집착에서 조금씩 벗어날 필요가 있다.[21]

  주님은 이스라엘 백성에게 이집트를 없애 버리겠다고 하지 않으시고 단지 그곳을 탈출하라고 명령하셨다. 반면에 약속된 땅에 들어가기 위해서는 반드시 크고 강한 일곱 민족을 없애야 한다고 강조하셨다. 바로 이집트는 탐식을 상징하며, 일곱 민족은 탐식을 제외한 다른 악덕들을 상징한다. 이것은 아무리 우리가 큰 열정을 지니고 사막이나 광야로 나간다고 하더라도, 인간의 기본 욕구인 먹는 것을 피할 수는 없다는 것을 상징적으로 드러내고 있다. 탐식은 인간의 본능으로서 모든 인간에 내재해 있다. 그러나 우리는 음식에 대한 지나친 욕구를 끊어 버리고, 매일 주어진 것에 만족하며 살아가는 지혜를 배워야 한다.[22]

3. 탐식과 감정 상태

많은 현대인에게 가장 어려운 것 중 하나가 바로 먹는 것을 절제하는 것이 아닐까 한다. 오늘날에 먹거리가 넘쳐나기 때문일 것이다. 미국에서는 무분별한 식습관으로 인해 여러 성인병 발병률이나 비만율이 갈수록 증가하고 있다. 그래서 국가가 비만을 국가의 질병으로 여기고 비만과의 전쟁을 선포하기도 했다. 이제 한국도 예외는 아닌 것 같다. 최근에 한국의 청소년 비만이 사회문제로 부각되고 있다.

프랑스 국립 보건의학 연구소(INSERM)의 리오넬 레페 박사는 의학 전문지 「국제 섭식 장애 저널」에서 감정 상태가 식욕에 큰 영향을 미친다는 조사 결과를 발표했다. 그 연구에 따르면 남자와 여자는 서로 상반된 경향을 나타내는데, 여자는 우울할 때, 남자는 기쁠 때 많이 먹는다고 한다. 남자보다 여자가 더 많이 식탐을 느낀다는 사실도 지적했다. 조사 대상 중 여성의 28퍼센트가 육 개월 동안 일주일에 한 번 이상 특정한 음식에 대한 강한 욕구를 느꼈다고 한 반면 남성은 13퍼센트에 불과했다. 여성은 날씬해야 한다는 사회적 압박 때문에 식사를 줄이려고 시도하지만, 오히려 이것 때문에 더 식탐에 떨어지는 것도 같다. 요즈음은 상업적으로 탐식을 부추기기도 한다. 심지어 어떤 디저트 광고에서는 "부끄러우면 어때? 맛있는데!"라는 표현으로 사람들을 현혹하고 있다. 부끄러움을 알면서도 탐식에 빠져 탐닉하라는 무책임하고 충동적인 표현이다. 맛있다고 너무 많이 먹다 보면 우리 몸은 여러 가지 질병에 노출될 수밖에 없다. 또 어떤 사람은 '거대한 몸집을 유지하기 위해서'라며 탐식을 스스로 정당화하기도 한다. 그러나 몸의 건물 유지도 중요하지만 탐식의 악덕에 떨어지지 않도록 특별히 조심해야 한다. 『명심보감』「성심편」에는 이런 말이 있다. "포난 사음욕, 기한 발도심飽煖 思淫慾, 飢寒 發道心." 즉, 배부르고 따뜻하면 음탕한 욕구가 일어나지만 춥고 배고프면 도道를 닦을 마음이 생기게 된다는 지혜의 말씀이다. 새겨들어야 할 말이다.

4. 탐식의 결과

13세기 이탈리아의 위대한 시인이자 예언자였던 단테는 불멸의 작품 『신곡』*La Divina Commedia*[23]을 남겼다. 그는 「지옥편」과 「연옥편」에서 탐식의 악덕에 떨어진 자들의 비참함에 대해 묘사했다. 단테는 지옥의 제3환에서 탐식의 악덕에 떨어진 자들의 비참한 모습을 본다. 그들은 그칠 줄 모르는 소나기와 우박으로 벌을 받고 흉측한 악마인 케르베로스에게 끊임없이 시달리고 있다. 특별히 단테는 탐식의 상징적인 인물로 피렌체의 차코Ciaco(이탈리아어로 돼지란 뜻)를 묘사하고 있다.[24]

「연옥편」에서는 형벌은 있지만 영원한 죽음이 없는 연옥에 대해 묘사하는데, 연옥의 여섯째 둘레에서 탐식의 악덕에 떨어진 자들이 기아와 갈증에 허덕이면서 쉴 새 없이 뛰어다니고 있다. 단테는 이곳에 있는 여러 사람을 묘사하고 있는데, 교회의 고위성직자였던 사람도 있다. 그 첫 인물은 포레세 도나티다. 그는 피렌체 사람으로 단테의 처가 쪽 친척으로 단테와는 친분이 두

터웠다. 그러나 그는 탐식의 악덕에 떨어졌던 미식가로 1296년에 죽었다. 단테가 연옥에서 만난 그의 몰골은 처참했다. 그는 신심 깊은 그의 아내 넬라의 기도와 정성으로 다행히 마지막 죽음의 순간에 회개하여 연옥에 들어오게 되었다. 둘째 인물은 마르티노 4세 교황(재위 1281-1285)이다. 그는 탐식의 악덕에 떨어져 뱀장어를 포도주에 넣어 취하게 한 다음 구워 먹었다고 한다. 또 다른 인물은 평소에 호식을 하면서 탐식의 악덕에 떨어졌던 라벤나의 대주교 보니파시오(재위 1274-1294)다. 이외에도 단테는 탐식의 악덕에 떨어졌던 수많은 사람을 묘사하고 있다.[25]

5. 사막 교부들의 가르침

사막 교부들의 식사

사막 교부들의 전통은 우리에게 탐식에 관해 많은 것을 일깨워 주고 있다. 4세기 말부터 사막의 교부들에게 하루 한 끼 식사는 일반적인 관습이었다. 『사막교부, 이렇게 살았다』에 보면 어떤 교부는 이렇게 말하고 있다. "하루 한 끼 식사하면 수도승이다. 하루 두 끼 식사하면 육적인 인간이다. 하루 세 끼 식사하면 짐승이다."[26] 그러나 실제로 사막 교부들은 이보다 더 엄격하게 살았다. 야코부스 압바Abba Jacobus는 40일 동안 동굴에서 단식했으며, 모세 압바는 사막 한가운데서 42일 동안 아무것도 먹지도 마시지도 않았다. 마카리우스 압바Abba Macarius 역시 40일 동안 빵과 물을 전혀 먹지 않았는데, 다만 여러 교부가 모이는 토요일과 주일의 집회에서는 식사 분위기를 내기 위해 양배추 몇 잎을 먹었을 뿐이다. 심지어 오르 압바Abba Or는 12년 동안 엄격하게 어떤 세속적인 음식도 취하지 않았다고 한다.[27] 그러나 모든 교부가 이렇게 오랜 기간 음식을 취하지 않은 것은 아니다. 아폴론 압바Abba Apollon는 종종 6일간 음식을 취하지 않았다고 한다. 팔라디우스Palladius는 안토니우스 압바Abba Antonius가 토요일과 주일에만 식사를 했다고 전한다. 또 스케티스Scetis의 수도승들 가운데 어떤 교부는 이틀이나 나흘 혹은 이레마다 식사를 했다고 한다.[28]

사막 수도승들의 작품에는 음식의 양에 대한 구체적인 언급이 나온다. 요한 카시아누스 시대에는 300그램 정도의 작은 빵 두 개가 독수도승들의 하루 정량이었던 것 같다.[29] 이집트 켈리아Kellia의 사막에서 살았던 에바그리우스 역시 매일 작은 빵 두 개로 살았다고 한다. 모세 압바는 매일 빵 두 개를 취했지만, 그의 제자였던 자카리아스 압바Abba Zacharias와 포이멘 압바Abba Poimen는 하루에 작은 빵 한 개로 만족했다. 메게티우스Megethius 수도승은 빵 하나로 이틀을 견디기도 했다. 그러나 사막의 모든 수도승이 이렇게 엄격하게 식사를 절제했던 것은 아니다. 어떤 수도승은 하루에 빵 두 개가 부족해 더 먹었다는 근거도 있다. 이에 대해 다른 형제가 "수도승이 하루에 빵 세 개를 먹는 것은 너무 많다"고 원로에게 불평하자, 원로는 "거기에 사탄만 없다면 괜찮소"라고 대답하기도 했다.[30] 사실 빵 세 개를 먹는 것이 당시 빵 한 개나 두 개로 만족하며 엄격하게 살던 대다수의 수도승보다는 많은 것이었지만, 수도승은 모두 음식을 취함에 있어 탐식의 악덕에 떨어지지 않도록 특별히 주의했다. 사막의 수도 교부들은 음식을 취함에 있어 육체를 만족시키기에 충분한 양이 아니라, 육체를 지탱하는 데 필요한 만큼 먹는 것이 수행 생활에 도움이 됨을 오랜 경험을 통해 잘 알고 있었다.

손님 환대

이집트의 옛 수도승들은 엄격한 단식을 지켰지만 손님들이 방문하면 그들을 환대하기 위해 단식의 규정을 깨곤 했다. 엄격한 단식보다 손님 안에 계신 그리스도를 새롭게 맞아들이는 것이 중요했기 때문이다. "너희를 받아들이는 이는 나를 받아들이는 사람이고, 나를 받아들이는 이는 나를 보내신 분을 받아들이는 사람이다"(마태 10,40)라는 주님의 가르침에 따라, 수도승들은 손님을 그리스도처럼 맞이했다. 사실 혼인 잔치 손님들이 신랑과 함께 있는 동안에는 단식하거나 슬퍼할 수 없다. 그러나 그들도 신랑을 빼앗기는 날에는 슬퍼하며 단식하게 될 것이다(마태 9,15 참조). 그래서 손님 환대 때문에 단식을 지키지 못할 때도 있었지만 수도 교부들은 손님이 떠나자마자 다시 엄격한 단식의 규정을 충실히 지켰다.[31] 여기서 손님 환대에 대한 수도 교부들의 몇 가지 일화를 소개하고자 한다.

첫째, 스케티스의 유명한 수도승 모세 압바는 찾아오는 손님들을 환대하기 위해 간혹 규율을 제대로 지키지 못했다. 어느 날 이집트에서 몇 사람이 그를 찾아왔다. 그런데 그 주간은 사막의 특별한 단식 주간이었다. 그럼에도 모세는 그들을 위해 음식을 대접했다. 이 사실을 안 다른 형제들이 원로들에게 고자질했다. 그러나 원로들은 모세의 영웅적인 삶을 잘 알고 있었기에 토요일 형제들의 모임 때 모든 형제 앞에서 말했다. "모세 압바여! 당신은 인간의 규율을 지키지 않으셨습니다. 그러나 그것은 하느님의 규율을 지키기 위한 것이었음을 잘 알고 있습니다."[32]

둘째, 어떤 교부는 손님에게 음식을 대접했다. 손님이 거의 다 먹었을 즈음, 그는 손님에게 더 먹으라고 권했다. 손님이 충분하다고 대답하자 교부가 말했다. "나는 이미 나를 찾아온 사람들을 위해 여섯 번이나 상을 차려 함께 먹었습니다. 그리고 당신과도 지금 이렇게 또 먹고 있습니다." 이렇듯 교부들은 손님 환대 때문에 자신의 금욕적 관습을 깨고 손님과 함께 무려 일곱 번이나 음식을 취하는 것을 마다하지 않았다.[33]

셋째, 사막에 살았던 한 교부는 독방에서 혼자 머물 때는 결코 스스로에게 어떠한 음식도 허락하지 않았다. 닷새 동안 형제 누구도 그의 은거처를 방문하지 않았다. 그는 토요일과 주일에 형제들이 모이는 교회에 갈 때까지 전혀 음식을 들지 않았다. 그러나 교부는 우연히 이방인을 만나게 되면 그를 자기 은거처로 데려와 함께 음식을 들곤 했다. 이것은 단순히 자기 육체의 필요에 의해서가 아니라, 오직 손님 환대와 자신의 선을 위해서 그렇게 했던 것이다.[34]

수도 교부들은 시간이 가면서 엄격한 금욕 수행보다 사랑이 더 중요하다는 사실을 깊이 깨달았다. 그래서 수도 교부들은 손님을 맞이하기 위해 기꺼이 음식을 요리하는 것을 의무로 생각했다. 그러나 수도자들이 환대의 의무를 이행한다는 구실로 개인적으로 더 좋은 음식을 추구할 위험도 없지 않았다.[35] 수도승 전통에서 음식 대접은 환대의 일부일 뿐이었다. 사실 좋은 음식을 먹으면 기분이 좋아진다. 더욱이 그러한 좋은 음식을 손님과 함께 먹는다면 기쁨이 배가 될 것이다. 그러므로 수도승들은 예기치 않게 찾아오는 손님을 위해 자기 몫의 빵을 정오까지 보관

하기도 했다. 성 베네딕도는 수도원에 손님을 위한 특별한 장소인 손님의 집을 마련하라고 권고했다. 그곳은 수도원과 별도로 부엌이 딸린 곳으로 오직 손님들을 위한 공간이었다. 수도원을 방문하는 손님들을 위해 언제든지 그곳에서 음식을 준비해야 했기 때문이다(『수도 규칙』 53,16). 이때 수도원장은 자연스럽게 손님과 식사하기 위해 공동체의 식사 규칙에서도 관면된다. 베네딕도 성인은 손님 안에 계신 그리스도를 맞이하고, 그분을 대접하는 것이 규칙을 지키는 것보다 더 중요하다고 생각했다.

탐식에 대한 경계

사막의 교부들도 탐식에 대한 주의를 자주 언급했다. 에울로기우스 압바Abba Eulogius는 제자들에게 이렇게 권고했다. "단식으로 너의 위장을 조금씩 줄이도록 훈련하라. 팽창된 부대가 더 얇아지듯 위장도 많은 음식물을 받아들이면 그렇게 된다. 반대로 적게 받아들이면 위도 줄어들어 요구하는 양도 적어진다."[36] 사막의 교부들은 식사의 빈도나 음식의 양과 질이 어떻든 상관없이 반드시 지나친 포만감은 피해야 한다고 생각했다. 그래서 육체를 지탱하는 데 필요한 최소한의 것, 즉 약간 배고플 정도의 음식으로 만족해야 했다. 바로 이것이 사막의 교부들에게 황금률과도 같았다.[37]

이와 관련된 포이멘 압바의 일화가 있다. 어느 날 한 형제가 다가와 포이멘 압바에게 어떻게 금식해야 하는지 물었다. 그러자 그는 날마다 음식을 먹되 배부르지 않을 정도로 적게 먹는 것이 좋다고 충고했다. 그러자 "사부님은 젊었을 때 이틀씩 단식하시지 않았습니까?"라고 형제가 되물었다. 교부는 다시 이렇게 말했다. "그 말이 맞다! 사실 나는 어떤 때, 사흘이나 나흘 혹은 일주일 내내 단식을 하기도 했다. 그러나 우리 선배 교부들은 이러한 모든 방법을 다 시도해 보고, 결국 날마다 적게 음식을 먹는 것이 가장 유익하다는 것을 깊이 깨달았다. 이렇게 그들은 우리에게 빛 자체인 고귀한 교훈을 남겨 주었다."[38] 또 어떤 수사가 포이멘 압바에게 물었다. "어떻게 하면 하느님에 대한 두려움을 가질 수 있습니까?" 이에 압바는 이렇게 반문했다. "우리 배가 치즈와 다른 음식들로 가득 차 있다면, 어떻게 하느님께 대한 두려움이 생길 수 있겠는가?"[39]

신클레티카 암마는 어떤 사람에게 이러한 조언을 주었다. "세상 사람들은 주방의 예술을 존중하지만, 당신은 단식하며 싸구려 음식에 감사하면서 그들의 풍성한 음식을 극복해야 합니다. 빵을 배부르게 먹지 않는다면 포도주를 마시고픈 생각도 일어나지 않을 것입니다."[40] 이외에도 탐식의 악덕에 떨어지지 않기 위해 여러 기행을 행한 수도승들의 일화가 전해지고 있다. 헬라디우스 압바Abba Helladius는 평소에는 식사를 앉아서 하지만 부활절에는 선 채로 음식을 먹기도 했다.⁴¹ 또한 어떤 교부는 식사를 한 손으로 하기도 했다. 성 안토니우스와 함께 살다가 후에 사제가 되어 스케티스의 수도승이 된 피오르 압바Abba Pior는 종종 걸으면서 식사를 하기도 했다. 사람들이 왜 그렇게 하는지 묻자, 피오르 압바는 음식을 먹는 일이 주가 되지 않고, 부수적인 것이 되기를 바라기 때문에 그렇게 한다는 지혜의 가르침을 주었다.⁴²

6. 에바그리우스의 가르침

탐식은 에바그리우스가 꼽는 여덟 가지 악덕 중 첫째 악덕이다. 에바그리우스는 이에 대해서 이렇게 말하고 있다. "탐식에 대한 생각은 수도승에게 위, 간, 비장, 수종과 고질병, 생존 수단의 결핍, 그리고 의학적 치료의 부재不在에 대한 염려를 불러일으켜 그로 하여금 금욕적 수행을 즉시 포기하도록 유혹한다. 또한 그에게 이러한 고통에 떨어진 형제들을 자주 떠올리게 한다. 이따금 이런 고통을 겪는 사람을 설득하여 고행을 실천하는 사람들에게 접근한 후, 자신의 불행을 그에게 드러내고 마치 금욕적 수행 때문에 자기가 그렇게 된 것처럼 이야기하게 한다."[43] 탐식에 대한 치료법은 지나친 포만감을 피하는 것이다. 에바그리우스는 포만감이 다양한 음식을 더 갈망하게 만들기 때문에, 매번 조금씩 먹는 빵과 물의 양을 줄일 것을 강조했다.[44] 특히 잠자는 중에 나쁜 환상을 보지 않으려면 육체에 너무 많은 음식을 허락해서는 안 된다.[45] 에바그리우스는 『안티레티코스』에서 사탄이 단식의 폐해나 고통을 보여 주며 우리를 끊임없이 공격할지라도, 그때마다 우리는 하느님의 말씀으로 그러한 나쁜 생각들을 단호히 물리쳐야 한다고 강조했다.[46]

또한 수도자는 포도주와 같은 술로 기쁨을 찾거나 혹은 고기를 먹음으로써 위를 즐겁게 해서는 결코 안 된다. 그것들이 육체를 살찌우고 음란한 생각들을 끊임없이 일으켜 수도자를 괴롭히기 때문이다. 그러므로 수행자는 오늘은 무슨 축일이라서 포도주를 마셔야 하고, 내일은 무슨 대축일이라서 고기를 먹어야 한다고 스스로 생각해서는 안 된다. 사실 수도자에게 사람의 배를 채우기 위한 축일이란 없다.[47] 하느님의 말씀으로 그러한 나쁜 생각들을 물리쳐야 한다.[48]

사탄이 최전방 공격수로 내세우는 악덕이 바로 탐식과 탐욕과 허영심이다. 이러한 악덕이 수도자들을 점령해 버리면 다른 악덕들은 자연스럽게 침투한다. 그러므로 누군가가 탐식의 악덕에 떨어지면 쉽게 간음의 악덕으로 떨어지게 된다. 탐욕의 악덕에 떨어지면 자연스럽게 사탄의 첫째 자손인 교만의 악덕에 떨어지게 된다. 또한 사람들에게 존경받고 싶은 허영심의 악덕에 떨어지면 자연스럽게 분노의 악덕에 떨어지게 된다는 사실을 잊어서는 안 된다.[49]

7. 요한 카시아누스의 가르침

수도승의 금식

모든 그리스도인은 탐식에 떨어지지 않도록 특별히 주의해야 한다. 그리스도인으로서 폭식을 하거나 미식가나 애주가가 되면 깊은 영성생활이 불가능하고 오히려 여러 위험에 노출될 수 있다. 이런 의미에서 초기 수도자들은 음식에 대해 올바른 태도를 취하는 것이 영성생활을 위한 좋은 출발점이라고 생각했다. 영성생활을 잘하기 위해서는 분별력을 지니고 음식에 대한 생각을 잘 다스려야 한다. 고대의 수도 교부들은 음식에 대해서 모든 사람에게 똑같은 기준을 요구하지는 않았다. 사람마다 상황이 다를 수 있기 때문이다. 다만 교부들은 하나의 공통 기준을 제시했다. 수행자는 지나치게 음식을 많이 취해서는 안 되

고, '배고프다' 할 정도에서 만족해야 한다는 것이다.[50]

요한 카시아누스는 극과 극은 서로 통하기 때문에, 지나친 금식과 지나친 과식 모두 위험함을 지적했다. 특히 지나친 단식으로 육신이 허약해진다면, 곧 우리가 떠나왔던 이집트로 되돌아가고 싶은 유혹을 더 강하게 받을 수도 있다. 그러므로 단식을 알맞게 조절하지 못한다면, 우리는 이 세상을 포기하면서 이미 배척했던 탐식으로 되돌아갈 위험이 있다. 이것은 마치 우리가 이집트를 떠나 덕행의 광야로 나간 뒤에, 이집트의 '고기 냄비'를 그리워하면서 되돌아갈 유혹을 받는 것과도 비슷하다. 그러므로 우리는 음식에 대한 단식을 지혜롭게 조절해야 한다.[51]

카시아누스는 수도자들이 평생 금식을 지속해 나갈 수 있도록 구체적인 가르침을 주었다. 수도자들은 정해진 시간에 식사를 해야 하며 자신이 좋아하든 좋아하지 않든 주어진 음식을 적당히 먹어야 한다는 것이다. 그는 정해진 식사 시간 후에 혹시라도 형제들이 배가 주리는 일이 없도록 특별히 배려했다. 사실 수행자가 매 순간 깨어 경계하지 않으면 자신의 몸에 집착하려는 욕망으로 인해 나태나 방종에 쉽게 떨어지게 된다. 그러면 자연스럽게 정해진 시간 외에 음식을 탐하게 되고, 정해진 양보다 더 많이 취하게 된다. 그러므로 적당한 시간에 적당히 음식을 취하고 적당한 시간에 잠자리에 들어야 한다. 특별히 음식에 대해서는 규칙적인 시간과 분별력이 요구된다. 신클레티카 암마도 음식을 취함에 있어 균형을 유지하라고 권고했다.[52] 수도승 전통에서는 영적 충만함을 향한 중요한 단계로써 금식을 강조했지만, 지나친 금식은 오히려 여러 위험에 우리를 노출시킬 수도 있음을 알고 있었다. 그러므로 그리스도인들은 극단적인 금식을 피하고 정해진 시간에 필요한 만큼만 음식을 취하는 것이 도움이 될 것이다.

탐식의 종류

카시아누스는 『제도서』 제5권에서 여덟 가지 악덕 가운데 탐식의 악덕을 가장 길게, 무려 41장에 걸쳐 설명하고 있다.[53] 『담화집』에서는 탐식의 세 종류를 언급하면서, 그것을 피하지 않으면 곧 위험에 노출될 수 있다고 지적한다.[54]

첫째, 수도자가 정해진 식사 시간 전에 빨리 식사하고픈 충동을 느끼는 것이다. 이것은 수도원의 전통적 금식에 대한 관례를 깨는 것이다. 여기에 걸려든 수도자는 수도생활 자체를 싫어하게 되며 결국 그러한 삶을 받아들이지 못하고 수도원을 떠나게 된다. 둘째, 수도자가 어떤 음식으로든 허기진 배를 가득 채우고자 하는 충동으로 폭식을 즐기는 것이다. 그러나 이로 인한 결과로 그는 음란한 욕정들에 쉽게 걸려 넘어지게 된다. 셋째,

수도자가 거친 음식보다 잘 요리되고 맛있는 음식을 탐내는 것, 즉 지나친 미식에 떨어지는 경우다. 그러나 이는 그를 탐욕의 올가미에 걸려 넘어지게 한다.

그러므로 수도자는 이러한 것들을 거슬러 다음과 같이 주의해야 한다. 첫째, 수도자는 수도원 관례에 따라 정해진 시간 외에 어떠한 음식도 취해서는 안 된다. 불필요한 식욕을 억제할 수 없다면, 어떻게 그는 육체적 욕망들을 제어하면서 더 깊은 영적 싸움으로 나아갈 수 있겠는가?[55] 사막 교부들의 전통은 규칙적인 수행과 관례에 벗어나는 것은 무엇이든지 먹어서는 안 된다고 생각했다. 만약 누군가가 이러한 것을 어기면, 그 수도자는 곧 헛됨과 자만 그리고 겉치장의 질병에 의해 결국 타락하게 된다.[56] 둘째, 수도자는 수도원에서 제공하는 빈약하고 거친 음식으로 만족하고 폭식에 떨어져서는 안 된다. 셋째, 수도자는 어떤 종류의 값싼 음식이든 그것에 만족하는 법을 배워야 한다. 바오로 사도는 어떠한 처지에서도 만족하는 법을 배웠다. 그는 배부르거나 배고프거나 넉넉하거나 모자라거나 그 어떠한 경우에도 잘 지내는 비결을 터득했다고 고백했다(필리 4,11-12 참조). 마찬가지로 수도자들은 어떠한 상황에서나 어떠한 음식으로도 만족하는 법을 배워야 한다.

절제와 분별력

이집트 수도 교부들은 수도생활 중에 특별히 자기 조절과 분별력을 강조했다. 카시아누스는 『제도서』 제5권에서 이에 대해 설명한 바 있다. 어떠한 음식이든 지나친 폭식이나 폭음은 우리 정신을 흐리게 하고, 결국 순수하고 깨끗한 관상적인 힘을 빼앗아 간다. 또한 탐식의 악덕은 절제할 수 없는 육체적 간음을 일으키고[57] 분별력을 잃게 한다. 한 예로 창세기에 나오는 소돔의 죄는 풍부한 음식을 가지고 있으면서도 가난한 사람들을 돌보지 않은 것이다. 결국 그들은 하늘에서 퍼붓는 유황으로 하느님의 심판을 받아야 했다(참조: 창세 19,1-29; 에제 16,49-50).[58] 탐식의 악덕에 떨어진 영혼은 결코 마음의 순결로 나아갈 수 없다. 그러므로 수행자에게는 무엇보다 먼저 음식을 취함에 있어 절제의 덕이 요구된다.[59] 이런 의미에서 수행생활에는 단식과 금욕이 반드시 필요하며, 그것은 육체를 훈련시킴에 있어 매우 중요하다. 육체의 욕망을 채우려고 음식을 취해서는 안 된다고 바오로 사도도 지적했다. "주 예수 그리스도를 입으십시오. 그리고 욕망을 채우려고 육신을 돌보는 일을 하지 마십시오"(로마 13,14).[60]

만약 수행자가 식사에 초대받았다면 주어진 음식에 만족하고 자기 입맛에 따라 무엇을 더 요구해서는 안 된다. 수행자란 오랜 훈련을 통해 언제나 절제하고 자족하는 법을 배우는 자이기 때문이다. 입에 맞지 않는 음식을 받아들이지 못하는 자는 더욱 비밀스럽고 강력한 육체의 욕망을 억제할 능력이 전혀 없다. 그리고 수행자가 자기 입맛에 따라 무엇을 더 요청했는데 그 음식이 그 집에 없다면, 주인으로 하여금 부끄러움과 당황스러움을 느끼게 할 수도 있기 때문이다. 또한 한 사람의 개인적 취향을 맞추기 위해 그러한 음식을 별로 좋아하지도 않는 다른 사람들을 괴롭히는 것이 될 수 있다. 그러므로 우리는 이와 같은 탐식의 방종을 어떠한 방법으로든 삼가야 한다.[61]

그러나 단식의 엄격한 규정을 모든 사람에게 똑같이 적용할 수는 없다. 모든 사람이 똑같은 강인함을 지니고 있는 것은 아니며 각자의 신체 조건과 상황이 다르기 때문이다. 예를 들어 어떤 사람은 1,000그램의 음식으로도 만족할 수 없는 반면 어떤 사람은 500그램 혹은 200그램의 음식으로도 만족하기 때문이다.[62] 동시에 지나친 고행도 과도한 음식만큼이나 위험할 수 있음을 교부들은 지적했다. 모세 압바는 리코폴리스Lycopolis의 은수자인 요한이 지나친 단식을 하는 것을 보고, 사탄의 충동인 것 같다고 말하기도 했다. 지나친 금욕은 정신의 항구성을 손상시킬 수 있을 뿐 아니라 육체의 피로 때문에 기도의 힘을 약하게 만들 수 있다. 사실 엄격한 단식 후에 곧 탐식의 유혹에 떨어진다면 그러한 엄격한 단식은 무의미하다. 그러므로 매일 합당하게 그리고 적당히 음식을 취하는 것이 오랫동안 엄격하게 금욕을 지키는 것보다 낫다.[63] 그리고 이러한 음식에 대한 절제는 다른 덕과 연결될 때 참된 의미를 지니게 되고, 몸과 마음의 순결을 더 충실히 유지할 수 있다.[64]

더러운 영과 일곱 악령

마태오 복음에 따르면 더러운 영은 어떤 사람에게서 나간 후 쉴 곳을 찾다가 찾지 못하면, 다시 자기가 나온 옛집으로 되돌아간다. 그러나 그곳이 잘 정돈되어 있고 비어 있는 것을 보게 되면, 이제 자기보다 더 사악한 일곱 악령을 데리고 그곳에 다시 들어가 함께 자리를 잡게 된다(마태 12,43-45 참조). 여기서 더러운 영은 이집트를 상징하고 일곱 악령은 이스라엘 백성이 가나안 땅에 들어가기 위해서 반드시 싸워 이겨야 할 일곱 민족을 상징하기도 한다.[65] 수행자는 비록 원수가 다정한 목소리로 다가와도 결코 그를 믿어서는 안 된다. 그 원수의 마음속에는 역겨운 것이 이미 일곱 가지나 들어 있다(잠언 26,25 참조). 그러므로 이미 패배한 탐식의 영이 다시 다가와 지나친 고행과 절제를 그만두라고 하거나 음식량을 조금 더 늘리라고 유혹하더라도 수행자는 절대 승낙해서는 안 된다. 그 유혹을 받아들이면 곧바로 더러운 영이 자기보다 더 악한 영 일곱을 데리고 와 수행자를 더 집요하게 공격할 것이다. 그러면 수행자는 더 악한 죄에 떨어지고 말 것이다. 그러므로 그리스도인들은 항상 경계를 늦추어서는 안 된다.[66]

또한 첫 번째 악덕인 탐식을 물리쳤다 하더라도 승리감에 도취되어 마음을 그대로 방치해 두어서는 안 된다. 더러운 영인 탐식은 우리의 방만한 마음에 즉시 자기보다 더 심각하고 위험한 다른 일곱 악덕인 간음, 탐욕, 나태, 분노, 슬픔, 허영심, 교만을 데리고 들어와 자리를 잡을 것이다. 그러면 우리는 이전의 삶보다 더 수치스럽고 더 무거운 형벌을 받게 될 것이다. 탐식 자체는 그렇게 해롭지 않을지라도, 그것이 다른 악덕들을 데리고 들어와 우리를 더 치명적인 상황으로 이끌어 갈 수 있기 때문에 특히 조심해야 한다. 단식이나 극기는 이러한 악덕들을 물리치는 데 크게 도움이 될 수 있다. 그러므로 우리는 첫 번째 악덕인 탐식을 물리쳤다고 마음을 비워 두지 말고 곧바로 덕행의 열매들로 마음을 가득 채워야 한다. 그러면 사악한 악덕은 감히 우리에게 접근하지 못할 것이다.[67]

육적 싸움

음식에 대한 과욕은 수행자의 정신을 약하게 할 수 있다. 수행자가 탐식에서 자유롭지 못하면, 더 깊은 영적인 싸움으로 나아갈 수 없다. 굴복을 당한 사람은 굴복시킨 자의 종이 될 수밖에 없고(2베드 2,19 참조), 죄를 짓는 자는 모두 죄의 종이 되기 때문이다(요한 8,34 참조). 그러므로 우리는 우선 육체적인 싸움에서 자유롭게 되어야 한다.[68] 수행자가 첫 번째 싸움인 육적 전쟁에서 승리하지 못한다면 더 깊은 영적 전쟁으로 나아가려고 하는 시도 자체를 해서는 안 된다. 자신의 육체적 욕망을 정복하지 못하는 사람은 결코 적과 싸울 수 없고, 적과 싸울 수 없는 사람은 결코 영적 싸움에서 승리할 수 없으며, 영광의 월계관을 얻을 수도 없다. 우리는 육체적 절제의 훈련을 통해 마음의 금욕적 상태를 얻을 수 있고 마침내 마음의 순결에 다다를 수 있기 때문이다. 그러므로 수행자는 먼저 이러한 일차적인 시험을 잘 극복하고 자유롭게 되어야 한다. 그때 그는 더 치열하고 깊은 영적 싸움으로 나아갈 수 있게 된다.[69]

바오로 사도는 먼저 육체를 단련시킴으로써 그 다음 단계인 영적인 목표를 향해 달려갔음을 고백했다. "나는 이미 그것을 얻은 것도 아니고 목적지에 다다른 것도 아닙니다. 그것을 차지하려고 달려갈 따름입니다. 그리스도 예수님께서 이미 나를 당신 것으로 차지하셨기 때문입니다. 형제 여러분, 나는 이미 그것을 차지했다고 여기지 않습니다. 그러나 이 한 가지는 분명합니다. 나는 내 뒤에 있는 것을 잊어버리고 앞에 있는 것을 향하여 내달리고 있습니다. 하느님께서 그리스도 예수님 안에서 우리를 하늘로 부르시어 주시는 상을 얻으려고, 그 목표를 향하여 달려가고 있는 것입니다"(필리 3,12-14). 바오로 사도가 스스로 고백했듯이, 그는 훌륭히 싸웠고 달릴 길을 다 달렸으며 굳건한 믿음을 지켰다(2티모 4,7 참조). 이렇게 그는 육체를 단련시킴으로써 더 깊은 영적 싸움으로 나아갈 수 있었다. 그가 지적했듯이, 이제 그의 전투 상대는 인간이 아니라 권세와 권력과 어둠의 세계를 지배하는 자들, 하늘에 있는 악령들이었다(에페 6,12 참조). 영적 싸움에서 승리한 그는 이제 전혀 의심하지 않고 확신에 차서 말했다. "이제는 의로움의 화관이 나를 위하여 마련되어 있습니다. 의로운 심판관이신 주님께서 그날에 그것을 나에게 주실 것입니다. 나만이 아니라, 그분께서 나타나시기를 애타게 기다린 모든 사람에게도 주실 것입니다"(2티모 4,8).

8. 탐식을 극복하는 방법

첫째, 발본색원! 탐식의 악덕을 거슬러 처음부터 그러한 생각이 우리를 점유하지 못하도록 물리쳐야 한다. 처음에 그러한 생각을 허락하면 어느덧 조금씩 탐식의 덫에 걸려 넘어지게 된다.

둘째, 탐식의 악덕을 극복하기 위해서는 마음의 지향만으로는 부족하다. 단식, 철야, 렉시오 디비나, 노동을 함께해야 하며 통회의 눈물도 있어야 한다. 단식이나 통회의 눈물은 육체의 바람기를 무디게 하고, 몸의 용광로를 소멸시키기에 적합하다.[70]

셋째, 정해진 시간에 정해진 곳에서 적당히 음식을 취해야 한다. 현대인들은 너무 많이 먹고 마시기 때문에 여러 문제가 발생한다. 이 '너무'가 우리 정신을 흩뜨리고 무질서하게 하며, 개인적으로 혹은 사회적으로 많은 문제를 야기한다. 그러니 '너무 많이'가 아닌 적당히 먹고 마셔야 한다. 현대의 무질서한 소비사회 속에서 음식의 올바른 용도를 바로 보고, 극단적인 방법이 아닌 중용의 자세를 취해야 한다. '너무 많이'와 '너무 적게' 모두 우리의 영성생활에 도움이 안 된다. 중요한 것은 '적당히 먹는 것'이다. 바로 이것이 우리의 몸과 영혼을 건강하게 만드는 데 절대적으로 필요하다. 수도원 문화에서 음식은 영적 삶에 필요한 에너지이지만, 소비사회에서는 미각을 충족시키는 소비 상품 중의 하나다. 그리스도인들은 오랜 수도원 문화가 전해 주는 음식에 대한 올바른 인식을 갖추고, 소비사회가 충동하는 대로 이끌려 너무 많이 먹고 마시지 않도록 조심해야 한다. 나에게 필요한 만큼만 먹는 절제의 자세를 갖추고 음식을 통해 다른 사람들에 대한 따뜻한 사랑으로 나아갈 수 있어야 한다.[71]

넷째, 정신은 항상 관상에 고정되어 있어야 한다. 정신이 천상의 것들에 대한 아름다움과 덕을 사랑하지 않고 그 안에서 참된 기쁨을 맛보지 못한다면, 우리는 결코 육체를 위한 먹는 기쁨을 물리칠 수 없다. 그러므로 수행자는 시선을 거룩한 것 외에 다른 것들에 돌리거나 관심을 주어서는 결코 안 된다.[72]

다섯째, 탐식의 악덕을 물리치기 위해서는 절제가 필요하지만 더 근원적으로는 하느님의 자비와 은총이 절대적으로 필요하다. 사실 영적 생활에 있어 하느님의 자비와 은총 없이는 결코 완덕을 향해 나아갈 수 없다. 인간이 무엇이든 다 할 수 있다고 자만해서는 안 된다. 하느님께서 부족한 우리의 영성생활에 동행하시어 당신의 한없는 지혜를 드러내시도록 간절히 청해야 한다.

여섯째, 매일의 충실한 말씀 수행인 렉시오 디비나는 이러한 탐식의 악덕에서 우리를 지켜 주기에 충분하다.

제2장

간음

Fornicatio

간음의 악덕이란 직접 혹은 간접으로 절제 없이 성적 쾌락을 추구하거나 이에 도취되는 것을 말한다. 이러한 악덕에 떨어진 사람은 쉽게 생명의 신비를 더럽히고 완덕의 삶으로 나아갈 수 없다. 따라서 수도 교부들은 이것을 경계할 것을 자주 권고했다.

1. 간음의 예

음욕을 품은 두 노인

간음의 악덕은 수많은 사람을 걸려 넘어지게 한다. 누구든지 이러한 악덕에 한 번 떨어지면 이성을 잃게 되어 심각한 결과를 초래하기도 한다. 구약의 다니엘서 제13장에 나오는 수산나의 이야기가 이를 잘 보여 준다. 수산나의 부모는 훌륭한 사람들로서 그 딸을 잘 교육시켰다. 매우 아름답기도 했지만 하느님께 대한 신앙이 남달랐던 수산나는 바빌론 사람 요아킴과 결혼했다. 요아킴은 아주 부유했고 지역에서 존경받는 사람이었기에 유다인들이 늘 그를 찾아오곤 했다. 그런데 그해에 어떤 두 원로가 재판관으로 뽑혀 요아킴의 집을 자주 드나들었다. 그들은 아름다운 수산나를 보고 음욕을 품기 시작했으며, 이 음욕으로 이성을 잃어버렸다. 그들은 어느 날 수산나가 정원에서 목욕을 하는 것을 보고는 함께 정을 통하자고 그녀에게 다가갔다. 그러고는 거절한다면 그녀가 젊은 청년과 정을 통하려 했다는 거짓 증언을 하겠다고 협박했다. 사면초가에 빠진 그녀는 주님 앞에 죄를 짓느니 깨끗한 몸으로 그들의 모략에 걸려드는 것이 하느님 앞에 더 떳떳하다고 생각하고 그들의 요구를 단호히 거절했다. 그러자 두 노인은 복수심에 불타 수산나를 죽이려고 사람들 앞에서 거짓 증언을 했다. 그때 주님께서 수산나의 절규를 들으시고 다니엘이라는 소년을 보내셨다. 주님께서는 손수 다니엘의 마음에 참과 거짓을 식별하는 성령을 불어넣어 주셨다. 이로써 다니엘은 두 노인의 거짓 증언을 하느님과 모든 사람 앞에서 모두 밝혀냈다. 결국 그들은 사형을 당했고, 궁지에 몰렸던 수산나는 목숨을 건질 수 있었다.

이 이야기는 간음이 엄청난 결과를 가져왔다는 사실을 우리에게 깨우쳐 준다. 첫째, 마음이 빗나가게 된다(다니 13,56 참조). 둘째, 하느님 무서운 줄을 모르게 된다(다니 13,9 참조). 셋째, 이성을 상실하게 된다(다니 13,9 참조). 넷째, 복수심에 불타 살인까지 할 결심을 하게 된다(다니 13,28 참조).

사라 암마를 공격한 간음의 영

간음의 악덕은 남녀노소 구별 없이 많은 수도자를 공격한다. 사라 암마Amma Sarah는 13년 동안 간음의 공격을 받았다. 한 번은 간음의 영이 그녀를 강하게 공격하면서 세상의 영화를 상기시켰다. 그때 그녀는 하느님에 대한 두려움을 갖고 오히려 금욕적인 수행에 더 전념했다. 그녀는 오랫동안 이러한 간음의 악덕에 유혹을 받았지만 한 번도 이 싸움을 끝내 달라고 청하지 않았다. 그것을 극복할 수 있도록 힘을 달라고 주님께 더 간절히 기도했다.[73] 어느 날 그녀가 기도하기 위해 작은 테라스에 올라갔는데, 그때 마침 간음의 영이 다가와 그녀에게 말했다. "사라, 네가 나를 이겼다." 그러자 그녀는 "너를 이긴 것은 내가 아니라, 나의 스승이신 그리스도이시다"라고 단호히 말했다.[74]

유혹받은 성인

우리는 이러한 악덕에 떨어지지 않도록 늘 조심해야 한다. 특별히 수행자는 간음의 악덕을 거슬러 사탄이 일으키는 이성에 대한 온갖 생각을 물리쳐야 한다. 그러한 생각들을 품고 있으면 즉시 사탄이 다가와 더 큰 위험에 떨어질 수 있기 때문이다.[75] 이집트의 위대한 성 안토니우스 압바와 유럽의 수호성인인 성 베네딕도가 어떻게 이러한 유혹에 대처했는지 살펴보는 것이 도움이 될 것이다.

어느 날 악령이 여자의 모습을 하고 성 안토니우스를 유혹했다. 그러나 그는 곧바로 하느님께 간절히 기도했다. 단식과 그리스도께 대한 묵상, 지옥 불에 대한 두려움으로 유혹의 불씨를 단호히 물리쳤다.

성 베네딕도는 이전에 한 번 본 적이 있는 여인의 이미지가 나타나 간음의 유혹을 받게 되었다. 그러자 그는 벌거벗은 채로 쐐기풀과 가시덩굴에 뒹굴었다. 온몸이 피투성이가 되었지만 그는 더 이상 이러한 간음의 악덕에 떨어지지 않았다. 오히려 간음의 악덕을 물리친 모범이 될 수 있었다. 특별히 그는 『수도 규칙』의 선행의 도구에 대한 장에서, 수도자들에게 쾌락을 추구하여 간음의 악덕에 떨어져서는 안 되며 정결을 사랑하라고 권고했다(『수도 규칙』 4,4.12.64).

2. 간음의 원인

우상숭배

성경은 우상숭배가 간음의 원인이며 시작임을 지적하고 있다.[76] "우상들을 만들려는 생각이 간음의 시작이고 우상들을 고안해 내는 것이 삶의 타락이다"(지혜 14,12). 예수 그리스도는 간음의 일차적 차원뿐 아니라 정신적 간음도 주의할 것을 권고했다. "간음해서는 안 된다고 이르신 말씀을 너희는 들었다. 그러나 나는 너희에게 말한다. 음욕을 품고 여자를 바라보는 자는 누구나 이미 마음으로 그 여자와 간음한 것이다"(마태 5,27-28). 이러한 간음은 부부 사이에서 일어날 수 있지만, 하느님과 혼인한 수도자들에게도 유혹으로 다가올 수 있다.

무질서한 삶

어떤 형제가 한 원로에게 "저는 어째서 부정의 유혹이 생기는 것입니까?" 하고 물었다. 그러자 원로는 "당신이 너무 많이 먹고, 너무 많이 자기 때문이다"라고 대답했다. 즉, 우리 삶이 흐트러지면 유혹이 끊임없이 일어나게 된다. 사막의 교부들은 성에 대한 지나친 탐닉은 참된 행복에 이르는 길에서 우리를 멀어지게 한다는 사실을 직시하고 있었다. 현대에는 성적 방종을 성적 자유라고 잘못 알고 있다. 그리하여 성병과 같은 질병과 성추행이나 성폭행 같은 심각한 사회문제가 많이 발생하고 있다. 고대의 수도 교부들은 인간의 성에 대해 일체의 환상을 품지 않았다. 사탄이 가장 강렬하게 공격하는 것 중 하나가 바로 성에 관한 것임을 그들은 직시하고 있었다.[77]

탐식

사막의 교부들은 성기가 배 가까이 있기 때문에 음식에 대한 탐욕이 바로 성적 활동을 자극한다고 생각했다. 그래서 수도승 전통에서는 금욕적인 삶을 강조했다. 요한 카시아누스도 간음의 악덕이 지나친 식사에 그 뿌리를 두고 있음을 지적했다. 첫째 아담이 탐식의 악덕에 떨어지지 않았다면 그는 결코 간음에도 떨어지지 않았을 것이다. 반면에 둘째 아담인 주님께서는 광야에서 악마의 유혹을 받으실 때, 탐식의 유혹을 이기셨기에 간음의 유혹을 받으실 필요가 없었다.[78] 그러므로 우리의 육체가 음식으로 가득 채워지지 않도록 항상 주의해야 한다.[79] 주님께서는 예레미야 예언자를 통해 이렇게 말씀하셨다. "내가 그들을 배불리 먹였는데도 그들은 간음을 저지르며 창녀의 집에 모여들었다"(예레 5,7). 인간이 배불리 먹으면 당연히 간음의 악덕에 떨어지게 된다. 이 구절에서, 주님께서는 왜 그들을 배불리 먹이고는 그들이 간음의 악덕에 떨어졌다고 한탄하시는지 선뜻 이해가 되지 않는다. '주님께서는 그들이 간음의 악덕에 떨어지지 않도록 적당히 먹게 해야 하지 않았을까?'라고 생각해 본다. 물론 성경의 이 말씀은 단순히 육체적 차원이 아니라 정신적·영적 차원 모두를 함축하고 있다.

3. 사탄의 집요한 공격

간음은 다른 악덕들보다 집요하며 특별히 간음을 일으키는 사탄은 열심한 수행자들을 끊임없이 공격한다. 사탄은 주기적으로 온갖 계략을 써서 공격하기 때문에, 많은 사람이 간음의 덫에 쉽게 걸려 넘어진다. 예를 들면, 수행자가 한 여인을 만나 이야기를 나누게 되었다. 그런데 수행자는 그 여인으로 인해 자기 안에 악한 생각이나 욕망이 일어나지 않는다는 사실을 발견하고는 스스로 자신이 참으로 복된 단계에 이르렀다고 생각할 수 있다. 바로 여기에 사탄의 덫이 있음을 직시하지 못한다면 결국 그는 사탄의 공격에 무방비 상태로 당할 수밖에 없다.[80] 사탄은 수행자에게서 의도적으로 떠나기도 한다. 그러나 바로 여기에 또 다른 교만의 악덕이 기다리고 있다. 정결을 추구하는 사람들은 이러한 사탄의 교활한 계략에 늘 주의해야 한다. 사탄은 종종 자신을 철저히 숨기고 우리에게 다가오기 때문이다. 한 예로, 어떤 수행자가 자기를 찾아온 여인에게 영적인 이야기를 해 주었다. 그녀는 그 수행자를 깊이 신뢰하여 눈물까지 흘렸다. 수행자의 포장된 말과 거짓 신심에 속은 그 불행한 여인은 실제로는 사악한 그를 참된 목자로 착각하게 된다. 결국 그들 모두 영적 진보가 아니라 타락의 길로 접어들게 된다.[81]

4. 간음을 거스른 무기

간음의 유혹이 다가올 때 사용할 수 있는 훌륭한 무기들이 있다. 첫째, 철야 혹은 배고픔과 갈증을 기꺼이 받아들이는 것이다. 둘째, 죽음을 묵상하기 위해 묘지에서 시간을 보내는 것도 좋은 무기가 될 수 있다. 셋째, 영적 지도자나 영적 벗에게 도움을 받는 것도 좋다. 우리는 아무도 자기 혼자만의 노력으로 이러한 사악한 간음의 악덕을 완전히 극복할 수가 없다.[82] 넷째, 몸을 사용해서 하는 기도의 노력도 도움이 될 수 있다. 예를 들면, 간음의 유혹을 받을 때 손을 활짝 펼치고 가슴으로 숨을 깊게 쉬며 시선은 하늘을 향해 고정하고 깊은 직관과 항구한 자세를 유지하는 것 등이다.[83] 다섯째, 가장 중요한 무기는 무엇보다 인내와 겸손이다. 그러나 단지 인내만으로 간음을 거슬러 싸우고자 한다면 승리할 수 없다. 이것은 깊은 강을 한 손으로 수영해서 건너려고 하는 어리석은 시도와 같다. 그러므로 인내에 반드시 겸손을 겸비해야 한다. 크나큰 겸손은 간음의 실체를 적나라하게 발가벗기고 그것을 죽일 수 있다. 겸손 없는 인내와 인내 없는 겸손은 모두 소용이 없다. 간음을 거스른 영적 싸움에는 인내와 겸손의 무기 모두가 필요하다. 여섯째, 간음의 공격에 맞서 하느님의 말씀을 더 깊이 읽고 암송하는 수행이 훌륭한 무기가 될 수 있다.

5. 간음의 결과

단테는 『신곡』의 「지옥편」과 「연옥편」에서 간음의 악덕에 대해 설명하고 있다. 그는 「지옥편」 제5곡에서 간음에 대해서 설명하고 있는데, 지옥의 제2환에는 인간적인 욕정과 사음의 죄를 범한 비참한 무리들이 있다. 그들은 지옥의 거센 태풍과 칠흑 같은 어둠 속을 정처 없이 헤매고 있다.[84] 아시리아의 황후였던 세미라미스(재위 BC 1356-1314)는 니노스 왕이 죽자마자 왕자 니니아스를 대신해서 정권을 잡게 되면서 온갖 음란한 행위를 했다. 사람들이 그녀의 음란 행위들에 대해 비난하자 그녀는 그러한 것이 정당하다고 법률화하기도 했다. 고대 이집트의 공주였던 클레오파트라(BC 69-30)는 권력을 잡기 위해 남동생과 결혼을 했다. 그녀는 한때 왕위에서 물러났으나 이집트를 침략한 카이사르의 연인이 되어 아들을 낳고 권력을 되찾기도 했다. 후에는 안토니우스의 정부情婦가 되었다. 그러나 옥타비아누스가 집권하자, 그에게 잡혀 수치를 당할까 봐 두려워 결국 독사에 물려 자결했다. 스파르타의 왕 메넬라우스의 아내였던 헬레네는 트로이의 왕자 파리스에게 유혹되어 스파르타를 떠나 트로이로 도망갔다. 이로 인해 10년 동안이나 지속된 비참한 트로이 전쟁이 시작되었다. 그들 모두는 지옥에서 고통스러운 벌을 받고 있을 것이다.

연옥의 일곱째 둘레에는 간음의 죄로 인해 불꽃 사이를 지나며 벌을 받고 있는 인간들이 있다. 여기에도 두 부류의 죄인이 있는데, 한 부류는 단테의 일행과 한 방향으로 걸어가고 있던 음란한 자들이고, 또 다른 한 부류는 단테의 일행과 반대 방향으로 걸어가고 있던 자연을 거슬러 사음을 행한 자들이다.[85] 13세기, 볼로냐 출신의 유명한 시인이었던 귀도 귀니첼리가 이곳에 머물고 있었다. 그는 단테 이전에 가장 유명했던 시인으로서 단테는 그를 스승처럼 여겼다. 그는 연옥을 지나가는 단테에게 자기를 위해서 특별히 기도해 달라고 청하기도 했다. 또한 단테는 사음의 죄를 범했던 소돔과 고모라(창세 18,16-19,29 참조)도 「연옥편」에서 묘사하고 있다.

6. 정결의 덕

정결한 사람이란?

정결은 영적인 존재의 특성이다. 정결은 본성을 거스르는 것이지만, 그것은 멸망할 육체가 영적인 영을 지니고 있음을 의미한다. 이러한 정결은 하느님과의 더 깊은 친밀함으로 나아가게 한다. 정결한 사람은 인간적이고 육체적인 사랑을 몰아내고 초자연적인 사랑을 지닌 사람이며 육체의 불을 천상적인 불로 끄는 지혜로운 사람이다. 정결에 도달한 사람은 잠자리에서조차 그 어떤 동요나 움직임을 전혀 느끼지 않는다. 그는 진실로 천상적인 아름다움에 집중되어, 세상적인 아름다움을 멀리하고 부정한 생각에서 온전히 자유롭게 된 사람이다. 그는 자신의 인간적 본성이 초자연적 은총으로 변화되는 것이 전적으로 주님께 기인한다는 사실을 겸손하게 받아들인다.[86]

정결의 단계

정결의 첫 단계는 나쁘고 사악한 생각이나 때때로 다가오는 충동적인 욕구에 전혀 동요하지 않고 단호히 거절하는 단계다. 두 번째 단계는 음식을 많이 먹음으로 인해 몸의 본능적인 욕구들이 일어날지라도, 육체적 감흥이나 꿈속에서조차도 전적으로 자유로운 단계를 말한다. 정결의 최종 단계는 억제된 생각들이 억제된 몸에 절대적으로 순종하는 때다. 이러한 단계에 이른 자는 진실로 복된 자다. 그는 인간의 육체성이나 어떠한 아름다움에도 결코 동요하지 않는다.

정결의 목적

첫째, 성령 안에서 충만히 살아가기 위해서다. "하느님의 뜻은 바로 여러분이 거룩한 사람이 되는 것입니다"(1테살 4,3). 바오로 사도가 말하는 '거룩한 사람'은 간음의 악덕에서 자유로운 사람이다. "하느님께서는 여러분을 더러움 속에서 살라고 부르신 것이 아니라, 거룩하게 살라고 부르셨기 때문입니다. 그러므로 이 사실을 무시하는 자는 사람을 무시하는 것이 아니라, 여러분에게 성령을 주시는 하느님을 무시하는 것입니다"(1테살 4,7-8). 정결의 목적은 거룩하게 살아 성령이 우리 안에 머물도록 하기 위함이다. 성령이 우리 안에 머물게 되면, 세상의 그 어떠한 즐거움과는 비교할 수 없는 초자연적 은총을 거저 받게 된다. 성령의 선물은 불결한 이들에게는 결코 주어지지 않는다.

둘째, 영적 지혜를 얻기 위해서다. 사막의 교부들은 겸손의 기초 없이는 아무도 완전한 정결을 얻을 수 없다고 생각했다. 겸손의 토대 위에 완전한 정결을 얻게 된다면, 그때 우리는 참된 영적인 지식이나 인식을 얻게 된다.[87] 그러므로 아직도 우리 마음 안에 간음의 악덕이 자리하고 있다면 그것은 겸손의 기초가 허약하다는 증거다. 그러한 상태에서는 아무도 참된 지혜의 원천에 다다를 수 없다. 영적 지혜는 완전한 정결 없이는 결코 얻을 수 없으며, 완전한 정결은 겸손의 토대 위에만 가능하다.

셋째, 완전한 순결의 상태에 도달하기 위해서다. 완전한 순결의 상태란 잠잘 때조차 육체적 동요가 일어나지 않는 고요한 상태를 말한다. 우리가 잠을 자고 있는데 혹시라도 즐거움의 감흥이 다가오거나 무의식중에 불결한 욕망이 일어난다면, 그것은 우리가 아직도 완전함에 도달하지 못했다는 증거다.[88] 그러므로 우리는 육체와 정신의 유혹을 거슬러 끊임없이 싸워야 하며 동시에 적당하고 균형 잡힌 단식을 유지해야 한다. 그렇게 함으로써 잠자는 동안에도 이러한 유혹이 다가오지 않도록 주의해야 한다. 특별히 우리는 밤 동안 경계를 늦추어서는 안 된다. 대게 밤에 잠자리에 들었을 때 분심이나 여러 생각으로 우리 마음은 시험받게 된다. 그러나 엄격히 말하면 그것은 단순히 밤의 시간에 일어나는 것이 아니라, 낮 동안에 소홀히 했던 생각들이 내면에 숨어 있다가 밤 시간에 표면으로 올라오는 것이다. 바로 자기 내면의 질병이나 소홀함의 결과로 나타나는 것이다.[89] 그러므로 우리 생각들에 주의를 기울이지 않거나 소홀히 대해서는 안 된다. 이렇게 볼 때 밤중 기도는 우리 마음에 하느님께 대한 강한 믿음과 견고함을 심어 줄 수 있다. 그러나 무엇보다 완전한 정결은 오직 하느님의 선물이라는 것을 잊지 말아야 한다.

넷째, 하느님을 뵙고 영원한 생명을 얻기 위해서다. "모든 사람과 평화롭게 지내고 거룩하게 살도록 힘쓰십시오. 거룩해지지 않고는 아무도 주님을 뵙지 못할 것입니다. 여러분은 아무도 하느님의 은총을 놓쳐 버리는 일이 없도록 조심하십시오. 또 쓴 열매를 맺는 뿌리가 하나라도 솟아나 혼란을 일으켜 그것 때문에 많은 사람이 더럽혀지는 일이 없도록 조심하십시오. 그리고 아무도 음식 한 그릇에 맏아들의 권리를 팔아넘긴 에사우와 같이 불륜을 저지르거나 속된 자가 되지 않도록 하십시오"(히브 12,14-16). 마태오 복음에서는 영원한 생명에 들어가기 위해서는 먼저 기본적인 십계명을 지켜야 함을 강조하고 있다. 십계명에는 당연히 간음하지 말라는 계명이 포함되어 있다(마태 19,16-18 참조).

7. 사막 교부들의 가르침

불문율 세 가지

고대 수도자들에게는 특별히 세 가지, 즉 여자, 주교, 포도주를 멀리하라는 불문율이 전해져 내려왔다.

첫째, 수행자들은 불을 피하듯 여자를 피해야 한다. 사막 교부의 일화 하나를 보자. 어떤 수도자가 오십 년 동안 빵이나 포도주를 거의 먹지 않았다. 이에 그는 자기 안에 음욕과 탐욕 그리고 허영심을 완전히 파괴했다고 사람들에게 자랑했다. 이러한 소리를 들은 아브라함 압바Abba Abraham는 그를 찾아가 물었다. "독방에 들어갔는데 어떤 여인이 누워 있는 것을 본다면 어떻게 하겠습니까?" 그는 여자를 건드리지 않기 위해 자신의 생각과 싸울 것이라고 대답했다. 그러자 아브라함 압바는 그에게 당신이 욕정을 완전히 없앤 것은 아니라고 충고했다. 그러고는 당신은 욕정을 지배하고 있지만 욕정은 당신 안에 계속 살아 있다고 덧붙였다. 아브라함 압바는 욕정이 비록 우리 안에 계속 살아 있을지라도 욕정은 결코 성인들 앞에서는 아무것도 할 수 없음을 강조했다.[90] 수행자들이 여성을 폄하하거나 경멸의 대상으로 본 것은 아니지만 가능하면 여자들을 가까이하려 하지 않았다. 소금은 물에서 나지만 물이 닿으면 녹아서 사라진다. 마찬가지로 남자도 여자의 몸에서 태어나지만 여자에게 가까이 가면 녹아 버린다.[91] 에바그리우스는 콘스탄티노플의 한 고관 부인과 잘못된 사랑에 떨어졌을 때, 심한 양심의 가책을 느끼고 결국 그녀를 떠나 예루살렘으로 갔다. 그러나 그곳에서 만난 신심 깊은 귀부인 멜라니아가 그를 올바른 길로 인도했다. 아무튼 고대의 사막 교부들의 가르침은, 수행을 하는 자는 여자와 일정한 거리를 유지해야 한다는 것이었다.

둘째, 수도자들이 주교를 피해야 하는 것은, 주교가 그에게 사제품을 줄 수 있기 때문이다. 사제직에 오른 사람은 교만이나 허영심과 같은 여러 유혹에 노출될 수밖에 없고 또한 기도생활을 온전히 할 수 없기 때문이다.

셋째, 수행자는 여자를 피하듯이 포도주를 피해야 한다. 술이나 포도주를 지나치게 마시면 전정기관이 흐려지고 이성을 잃게 된다. 그러면 쉽게 방탕의 삶으로 타락할 수밖에 없다. 그러한 삶에서 깊은 기도생활을 한다는 것은 불가능하다.

성적 행동

사막의 교부들은 인간의 성적인 행동을 세 종류로 구분했다. 첫째는 이성과의 직접적인 성교다. 둘째는 성적인 자기 자극이다. 셋째는 성적인 생각이다. 사막의 수도자들은 이미 세상을 포기하고 세상에서 멀리 떨어져 왔기 때문에 첫째와 둘째는 크게 문제가 되지 않았다. 그러나 셋째, 성적인 생각은 그들이 어디에 있든지 끊임없이 그들을 괴롭혔다. 누구든지 성적인 생각을 하게 되면 간음의 악덕에 자연스럽게 떨어질 수밖에 없다. 그래서 수도생활에서는 파괴적인 행동으로 이끄는 성적인 생각들로부터 스스로를 지켜 자유로워지고자 했다. 이러한 성적 행동은 음식에 대한 지나친 탐식에서 시작될 수도 있다. 그래서 사막의 교부들은 성적 절제력을 상실할 수 있는 탐식을 경계했으며, 단식이나 금욕적인 측면을 강조했다.[92]

정신적 간음

주님은 생각의 간음에 대해서 이렇게 지적하셨다. "음욕을 품고 여자를 바라보는 자는 누구나 이미 마음으로 그 여자와 간음한 것이다"(마태 5,28). 이러한 정신적 간음은 마음 안에서 일어나기 때문에 겉으로는 잘 드러나지 않는다. 이것이 수도생활을 하는 수도자들을 끊임없이 괴롭혔다. 게론티우스 압바 Abba Gerontius는 육체의 쾌락에 유혹을 많이 받는 사람은 육체가 아니라 이미 정신적인 간음죄를 범하는 것이며, 육체의 순결을 유지하면서도 정신적인 간음을 범하게 된다고 지적했다.[93] 그러므로 잠언은 "무엇보다도 네 마음을 지켜라. 거기에서 생명의 샘이 흘러나온다"(잠언 4,23)라고 말하고 있다. 포이멘 압바는 간음 때문에 고민하는 형제에게, 거친 육체적 노동으로 간음을 철저히 쳐부수라고 권고하기도 했다.[94]

수도자의 선택

우리는 성적 생활에서 금욕이나 방종을, 성적 신분에서는 독신이나 결혼을, 성적 진실성에서는 정결이나 부정을 선택할 수 있다. 수도자란 성적 생활에서 방종이 아닌 금욕적인 삶을 선택하는 자들이고, 성적 신분에서는 독신을 선택하는 자들이며 그리고 성적 진실성에서는 정결을 유지할 것을 선택하는 자들이다. 이중에서 가장 중요한 결정은 정결이다. 사실 정결을 유지한다는 것은 수도생활에서든 결혼 생활에서든 모두 중요하다. 정결은 자기가 선택한 삶을 충실하게 살아가는 것을 의미한다. 수도승이란 영어 단어 monk는 그리스어 *monachos*(홀로 있는 사람)에서 왔다. 수도승은 그 용어에서 드러나듯이 홀로 있는 자, 즉 독신자를 말한다. 독신은 인간의 본성을 거스른 삶일 수도 있지만, 독신을 유지할 수 있는 강력한 힘은 오직 하느님께 대한 온전한 사랑이다. 하느님의 사랑이 성적인 생각이라는 유혹을 거슬러 독신 생활을 사랑하게 하고 그 안에서 참된 기쁨을 발견하게 한다. 이는 결혼한 사람이나 젊은이들에게도 요구된다. 참된 사랑의 동기가 있어야 여러 성적 유혹에서 자신을 지킬 수 있기 때문이다. 하느님이 우리 모두를 사랑하고 계신다는 사실은 우리로 하여금 자존감을 느끼게 하고, 진정으로 겸손하게 만든다.[95]

실천 방법

사막의 수도 교부들은 간음의 악덕을 거슬러 정결을 이루는 구체적인 실천 방법을 제시했다.

첫째, 일상에서 부질없는 대화를 피해야 한다. 특히 영성생활 중에 불필요한 한담이나 잡담은 초점을 흐리고, 하느님에게서 점점 멀어지게 한다.

둘째, 쉽게 분노의 악덕에 떨어져서는 안 된다. 수행자는 분노의 유혹이 다가올 때 자기 감정을 잘 다스릴 수 있어야 한다.

셋째, 세상적이고 물질적인 것들을 지나치게 걱정해서는 안 된다. 이러한 것은 하느님을 절대적으로 신뢰하지 않는 것이고, 그분을 믿지 않는 이교인들이 하는 것이다. 수행자는 주님을 절대적으로 믿고 그분께 모든 것을 전적으로 의탁해야 한다.

넷째, 식사는 간단히 먹어야 한다. 음식에 대한 지나친 탐식은 우리를 또 다른 간음의 악덕에 떨어지게 한다.

다섯째, 하루에 네 시간만 수면을 취한다. 물론 이것을 오늘날 우리 모두가 문자 그대로 지킬 수는 없다. 옛날 사막의 교부들이 머물던 은거처는 사막의 열기 때문에 기상 시간이 매우 일렀다. 그래서 오후에는 대부분 낮잠을 잤다. 그러니 꼭 네 시간이 아니라 적당히 규칙적인 수면 시간을 지키는 것이 중요하다.

여섯째, 정결은 오직 하느님의 선물임을 깨달아야 한다. 사실 완전한 정결이란 우리의 노력이나 수행으로 얻을 수 있는 것이 아니다. 그것은 하느님께서 원하시는 때에 원하시는 사람에게 원하시는 만큼 허락하시는 그분의 전적인 선물이다.

일곱째, 모든 나쁜 생각은 즉시 현명하고 연로한 영적 지도자에게 알려야 한다. 이 부분은 훗날 고해성사로 발전되었다. 고대의 사막 교부들은 영혼의 의사로서 제자들의 고백을 듣고, 치유를 위한 처방으로써 하느님의 말씀을 제시하곤 했다. 제자는 스승이 처방해 준 말씀을 나날이 복용하여, 스스로 자기 영혼의 건강을 돌봐야 했다. 이렇게 그들은 하느님의 말씀을 반복해서 암송하면서 차츰 사탄의 유혹에서 자유로워질 수 있었다.

여덟째, 마음에 일어나는 온갖 나쁜 생각들을 감지하고, 그것을 극복하기 위한 구체적인 행동을 취해야 한다. 구체적인 방법 중 하나가 말씀을 끊임없이 되뇌거나 사랑에 찬 따뜻한 손님 환대를 실천하는 것이다.[96]

수행자가 이를 꾸준히 실행하면, 언젠가는 간음의 악덕에서 자유로워지고 마침내 정결을 얻을 것이다.

8. 에바그리우스의 가르침

사탄의 공격

간음의 악덕은 금욕적인 삶을 실천하는 사람을 더 집요하게 공격한다. 이에 대해 에바그리우스는 『프라티코스』에서 이렇게 말했다. "음욕의 악령은 육체의 다양한 욕망을 자극하며, 고행을 실천하는 사람을 더욱 강하게 공격한다. 이런 고행을 통해서 아무것도 얻을 것이 없다고 느끼게 하여 고행을 중단시키기 위해서다. 이 악령은 불순한 종류의 수행으로 영혼을 굴복시키고 영혼을 더럽히며, 마치 눈에 보이는 그 실체가 실제로 존재하는 듯이 영혼에게 뭔가를 말하고 듣게 하는 기술을 지니고 있다."[97] 우리 정신의 움직임보다 훨씬 더 빠른 간음의 악덕은 탐식보다 악랄하고 파렴치하며 훨씬 더 집요하고 강한 악덕이다.[98]

금욕적인 삶

에바그리우스는 무절제한 사람의 육체 안에는 간음의 악덕이 존재하지만, 극욕적인 사람의 영혼 안에는 정결의 영이 존재함을 지적했다.[99] 그러므로 수행자는 감각적이고 육체적인 쾌락을 꿈꾸면서 스스로 간음의 악덕에 떨어져서는 안 된다. 이는 우리의 정신을 쉽게 오염시키고 황폐화시킨다.[100] 그러므로 깨어 있으면서 금욕적인 삶을 통해 간음의 악덕을 물리친다면, 그때 비로소 수행생활의 열매인 아파테이아를 향해 나아갈 수 있다.[101]

치료법

첫째, 금욕적인 삶. 간음의 악덕을 물리치기 위해서는 먼저 마음의 깊은 통회와 고독의 장소에서 금욕적인 수행생활을 해야 한다. 우리 안에 끊임없이 일어나는 욕망들이 가라앉으면 그때 비로소 영혼이 고요해진다.

둘째, 물의 절제. 간음에 대한 구체적인 치료법의 하나로써, 물을 적게 마시는 것이 절제에 도움이 된다.[102] 에바그리우스는 간음의 악덕을 피하기 위한 구체적인 방법을 하나 제시하고 있다. "저울에 너의 빵을 달고 네가 마시는 물을 측정해서 마셔라. 그러면 음욕의 영이 너에게서 달아날 것이다."[103] 그는 자신을 방문한 사람들에게도 물을 너무 많이 마시지 말 것을 특별히 권고했다. 사탄은 물이 있는 곳에 자주 드나들기 때문이다.[104]

셋째, 말씀 수행. 에바그리우스는 밤에 일어나는 간음의 악덕을 거슬러 말씀으로 철저히 무장하고 있어야 함을 강조했다.[105] 특히 "너는 어찌 낯선 여자에게 흠뻑 취하고 낯모르는 여자의 가슴을 껴안으려 드느냐?"(잠언 5,20)라는 구체적인 말씀으로 간음의 악덕을 물리칠 수 있다고 보았다.[106]

9. 요한 카시아누스의 가르침

마음의 경계

육체의 죄는 마음의 의지나 명령에서 오기 때문에 수행자는 무엇보다 먼저 마음을 잘 경계하고 지켜야 한다. 바로 거기에서 생명의 샘이 흘러나오기 때문이다(잠언 4,23 참조). 우리가 육체적인 간음만 강조한다면, 순수하고 정결한 관상의 높은 경지에 결코 다다를 수 없다.[107] 카파도키아의 3대 교부 가운데 한 분인 바실리우스Basilius는 동정의 특성에 대하여 이렇게 말했다. "비록 나는 여자를 알지 못하지만 그렇다고 내가 동정이라고 말할 수는 없다. 동정이나 정결은 단순히 육체적인 차원에서 여자를 멀리하는 것으로 이루어지는 것이 아니라, 그보다 더 깊은 오롯한 마음의 순결에서 오기 때문이다." 여기서 말하는 마음의 순결은 하느님께 대한 두려움과 정결에 대한 사랑에 의해 유지된다.[108] 각자는 자기 마음을 잘 경계하고 다스려야 한다. 특히 한밤중에 불결한 생각들이 일어나지 않도록 주의 깊게 경계해야 한다. 그러기 위해서는 밤에 영향을 미치는 낮 시간 동안에 모든 것을 잘 경계해야 한다.[109] 잠자리에서조차 이러한 욕구나 욕망이 일어나지 않는다면, 바로 정결에 도달한 것이다.[110]

겸손의 토대

간음을 거스르는 전쟁은 다른 악덕들과의 전쟁보다 더 광범위하고 오래 지속될 수 있다. 다른 악덕들이 공격하기를 멈추더라도 이 악덕의 유혹은 결코 멈추지 않는다. 간음의 악덕을 극복하는 사람은 그렇게 많지 않다. 그러므로 우리는 더 노력하고 수행해야 한다. 간음을 극복하기 위해서는 먼저 불결한 정신을 거슬러 회개의 정신과 지속적인 기도 안에 머물러야 한다. 단순히 육체적인 금욕만으로는 결코 완전한 정결을 얻을 수 없기 때문에, 성경을 끊임없이 묵상하면서 영적인 지혜를 추구해야 한다. 쓸데없는 생각들을 과감히 물리쳐야 하며, 구체적인 육체노동도 도움이 될 것이다. 그러나 간음의 악덕을 정복하기 위해서는 반드시 참된 겸손의 토대를 갖추어야 한다.[111] 인간이 겸손해지면 자신의 약한 모습을 직시하게 되고 그러면 주님의 자비와 은총을 더 간절히 청할 수밖에 없기 때문이다. 자신의 약함을 인정하고 받아들이는 것은 사탄의 손에 수갑을 채우는 것과 같고, 겸손을 소유하는 것은 사탄의 머리를 자르는 것과 같다.[112]

긍정적 측면

간음의 악덕은 우리들에게 자신을 바라볼 수 있는 긍정적인 기회를 주기도 한다. 카시아누스는 자신의 책에서 인간의 성에 대해 구체적이고 노골적으로 묘사했다. 수도자가 밤중에 꾸는 환상과 몽정 문제를 그는 솔직히 언급했다. 성적 흥분이나 환상 혹은 몽정은 과거의 어떤 기억에 의해 영향을 받는다. 그러나 이러한 유혹이 수행자로 하여금 인간이 얼마나 나약하고 미천한 존재인지를 깊이 깨닫게 하고, 결국 하느님께 더 많이 기도해야 한다는 것을 자각하게 한다. 이처럼 사막의 수도 전통은 인간의 성욕을 억제하고 제거해야 한다고 말하면서도, 한편으로는 그것이 우리의 기도생활에 도움이 될 수도 있다는 긍정적인 측면을 직시했다.[113]

간음의 종류

간음은 크게 육체적 간음과 정신적 간음으로 나눌 수 있다. 전자는 이성과의 관계로 이루어지는 직접적이고 육체적인 간음이고, 후자는 정신과 마음 안에서 일어나는 온갖 생각으로 인해 죄를 짓는 간음이다. 육체적 간음은 수도생활에서 그렇게 강조되지 않았다. 육체적 간음에 떨어지면 자연스럽게 수도생활을 지속할 수 없기 때문이다. 사막의 교부들은 육체적 간음의 악덕을 경계하면서도 정신적 간음에 더 주목했다. 성경은 "음욕을 품고 여자를 바라보는 자는 누구나 이미 마음으로 그 여자와 간음한 것"(마태 5,28)이라고 지적하고 있다. 마음에서 나쁜 생각들,

즉 살인, 불륜, 간음, 도둑질, 거짓 증언이 나온다(마태 15,19 참조). 또한 성경은 "현세적인 것들, 곧 불륜, 더러움, 욕정, 나쁜 욕망, 탐욕을 죽이십시오"(콜로 3,5)라고 권고하고 있다. 불륜을 저지르는 자나 더러운 자나 탐욕을 부리는 자는 결코 하느님의 나라를 차지할 수 없다(에페 5,5 참조). 결국 정신적으로 간음을 저지른 자는 하느님의 나라를 차지할 수 없음을 알아야 한다.[114]

마음의 순결

간음으로 마음이 불결해지면, 우리는 성령 안에서의 삶도 누릴 수 없고 영적 지혜도 얻을 수 없다. 더욱이 하느님을 뵈올 수도 없다.[115] 인간의 성은 사랑과 관련된 것일 수도 있지만 이기심이나 쾌락과 관련된 것일 수도 있다. 그러나 정결은 항상 근원적으로 사랑에서부터 시작된다. 수도자가 자신의 소명에 충실하고자 독신 생활을 해 나가는 것이나 부부가 배우자를 사랑하겠다는 마음으로 처음의 결혼 서약을 삶에서 실천해 가는 것이 바로 정결이다. 그러나 수도생활이든 부부 생활이든 그 삶은 가장 근본적인 열망인 마음의 순결에 기인해야 한다. 순결한 마음만이 하느님을 뵐 수 있다. 그러나 마음의 순결을 끊임없이 공격하는 것이 바로 성적인 생각들임을 직시해야 한다.[116] 우리가 잠자는 중에도 더러운 환상으로 인해 계속 유혹을 받는다면, 그것

은 우리가 아직도 마음의 순결에 도달하지 못했다는 증거다.[117]

그러므로 먼저 마음을 정화해야 한다. 사실 육체적 정결보다 마음의 정결이 더 중요하다. 간음의 악덕은 주로 육체적 질병의 원천인 마음에서 오기 때문이다. 그러므로 마음에서 나오는 모든 나쁜 생각을 먼저 경계하고 정화해야 한다. 나쁜 생각들이 우리 안에 뿌리내리는 것에 동조하거나 묵시적으로 허락해서도 안 된다.[118] 그러므로 우리 마음을 먼저 정화하고 순결을 유지하는 것이 중요하다. 이에 대해 성경은 다음과 같이 말하고 있다. "눈먼 바리사이야! 먼저 잔 속을 깨끗이 하여라. 그러면 겉도 깨끗해질 것이다"(마태 23,26).

10. 간음을 극복하는 방법

첫째, 간음의 유혹을 초기에 진압함으로써 마음을 잘 다스려야 한다. 마음이 병들면 간음의 악덕에 쉽게 상처받게 된다. 이성에 대한 성적 유혹이 일어나자마자, 우리는 마음에서 그것을 쫓아내고자 노력해야 한다. 우리가 그러한 나쁜 생각들을 조금이라도 허락하면, 간음의 악덕은 점점 더 많이 이성에 대한 생각을 불어넣고, 더 악한 생각들을 하게 하여 마침내 우리 정신을 철저히 파괴할 것이다. 솔로몬은 "무엇보다도 네 마음을 지켜라. 거기에서 생명의 샘이 흘러나온다"(잠언 4,23)라고 지적했다. 수행자는 이성에 대한 생각이 들어오기 시작할 때부터 즉시 그것을 물리쳐야 한다. 그러한 악한 생각들은 어린이와 같이 연약할 때 물리치는 것은 쉽지만 시간이 지나 강한 어른처럼 되었을 때 물리친다는 것은 거의 불가능하다.[119]

둘째, 이성이나 동성 간의 신체 접촉을 가능하면 피하라. 육체는 위험한 감각기관이기 때문에 다른 사람과의 단순한 신체 접촉만으로도 금세 더럽혀질 수 있다. 한 예로 어떤 수도자는 자신의 병든 어머니를 다른 장소로 옮겨야 했을 때, 겉옷으로 자기 손을 감싸고 어머니를 부축했다는 일화가 전해지고 있다. 또한 간음의 눈을 경계해야 한다. 더러운 욕망에 떨어져 육체를 따라 사는 자의 눈은 간음할 이성만 찾는다(2베드 2,14 참조). 이와 같이 정화되지 않은 욕정의 눈은 결국 우리를 파멸로 인도한다.

셋째, 금욕적인 삶을 사랑해야 한다. 경기에 나가 승리하고자 하는 자는 먼저 오랫동안 자기 절제와 인내의 시간을 보내며 열심히 훈련에 매진해야 한다. 마찬가지로 간음의 악덕을 극복하기 위해서는 지나치게 먹고 마시는 것을 피하고, 게으름이나 한가함에 떨어져서도 안 된다.[120] 중용과 규칙적인 단식을 유지하는 것이 도움이 된다. 지나치게 엄격한 사람은 극단으로 치달을 수 있다. 지나치게 금욕적인 사람이 갑자기 무절제의 손안에 잡히면, 그는 완전한 정결에서 쉽게 떨어져 나가게 된다.[121] 간음의 악덕을 거슬러 정결을 유지하기 위해서는 단순한 마음의 지향만으로는 부족하다. 마음의 지향과 동시에 지나치지 않은 육체적 극기와 단식 그리고 밤샘과 노동이 필요하다.[122]

넷째, 항상 경계를 늦추어서는 안 된다. 먼저 우리 마음 안에 끊임없이 일어나는 온갖 나쁜 생각에서 마음을 주의하고 경계해야 한다.[123] 바오로 사도는 "모든 경기자는 모든 일에 절제를 합니다. 그들은 썩어 없어질 화관을 얻으려고 그렇게 하지만, 우리는 썩지 않는 화관을 얻으려고 하는 것입니다"(1코린 9,25)라고 말했다. 육적인 전쟁에서와 같이 영적인 전쟁에 임하는 그리스도인들은 세상적인 모든 관심에서 완전히 자유로워져야 한다. 동시에 그리스도인들은 하느님에게서 오는 영광과 승리의 월계관을 얻고자 하는 간절한 희망을 지녀야 한다. 그러므로 무엇보다 먼저 우리 마음속에 숨어 있는 부분들을 경계하고 정화해야 한다. 적의 공격에 주의하지 않고 안락하고 자유분방한 삶을 살다가 결국 멸망의 길로 떨어지는 사람도 있다. 그러므로 항상 주의해야 한다.[124]

다섯째, 매일 하느님의 나라에 대한 불타는 갈망과 지옥에 대한 두려움으로 간음의 악덕을 극복해야 한다.[125] 간음의 악덕을 극복하기 위해서는 먼저 지옥에 대한 두려움을 생각하고 영원한 생명이 있는 하느님 나라에 들어가고자 하는 열망을 간직해야 한다. 하느님께 대한 온전한 사랑도 절대적으로 필요하다. 하느님께 대한 사랑이 식으면 이러한 악덕의 유혹에서 결코 자유롭지 못하게 된다. 그러므로 간음의 악덕을 극복하기 위해서는 무엇보다 먼저 하느님을 향한 절대적인 사랑을 지녀야 한다.

여섯째, 렉시오 디비나 수행을 충실히 해야 한다. 요한 카시아누스는 욕정을 극복하기 위한 구체적인 방법으로써, 성경을 주의 깊게 묵상하고 밤낮으로 깨어 있어야 함을 강조했다.[126] 이러한 말씀 수행은 우리에게 다가오는 다양한 유혹을 거스르는 훌륭한 무기다. 그러므로 이러한 수행을 충실히 해 나가다 보면, 어느덧 순수한 마음과 정결을 선물로 받게 된다.

일곱째, 언제나 심판자이신 하느님을 생각해야 한다. 우리가 매 순간 우리의 모든 생각을 알고 계시는 하느님을 생각한다면 그리고 장차 우리가 그분께 모든 것을 심판받게 된다는 사실을 직시한다면, 우리는 결코 간음의 악덕에 떨어지지 않고 정결을 계속 유지할 수 있을 것이다.[127]

여덟째, 영원한 상급에 대한 희망을 늘 간직해야 한다. 더 큰 상급에 대한 희망은 우리로 하여금 불결한 것들을 물리치고 정결에 더 주의하게 한다. 그러므로 우리는 이러한 희망을 간직하고 육체적인 금욕과 마음의 통회 그리고 기도를 해야 한다. 하늘에서 내려오는 단 한 방울의 이슬은 육체의 불타는 욕망들을 가라앉히기에는 충분하다는 사실을 잊어서는 안 된다.[128]

아홉째, 거룩한 소명을 늘 기억해야 한다. 하느님은 우리 모두를 불륜이나 간음이 아니라, 거룩한 삶에 초대하셨다(1테살 4,3 참조). 거룩해지지 않고는 아무도 주님을 뵐 수 없다(히브 12,14 참조). 우리는 이교도들과 같이 간음이나 색욕의 욕정 안에서가 아니라, 존경과 거룩함 안에서 그분의 뜻을 실천해야 한다. 만약 수행자가 불결한 색욕을 마음에 품고 있다면, 그는 거룩함에서 멀어지게 된다. 바오로 사도는 거룩한 소명을 무시하는 사람은 바로 하느님을 무시하는 것임을 지적하기도 했다(1테살 4,7-8 참조). 그러므로 우리의 몸과 마음을 부끄럽게 하거나 수치스럽게 하는 간음의 악덕에서 자유로워져야 한다. 그때 성령이 우리 마음 안에 온전히 머물 수 있다.[129]

열째, 하느님의 특별한 도움이 필요하다. 간음의 악덕을 물리치기 위해서는 단순히 개인적인 금욕주의에 의지하기보다 하느님의 도움에 크게 의지해야 한다. 하느님의 도움 없이 인간적인 노력과 의지에만 매달린다면 우리는 결코 완전한 정결에 도달할 수 없다.[130] 그러므로 우리는 먼저 하느님께 간절히 기도해야 한다. 하느님의 자비와 은총 없이 간음의 악덕을 완전히 극복한다는 것은 불가능하다. 이는 우리의 영성생활에서 매우 중요하다. 우리가 사람들에게서 물러나 끊임없이 기도할지라도, 하느님의 은총 없이는 간음의 악덕을 거스른 영적인 싸움에서 결코 승리할 수 없다. 하느님의 특별한 도움과 선물은 간음의 악덕을 거스른 정결을 위해 반드시 필요하다.[131] 그러므로 우리를 구원할 무한한 힘을 가지신 하느님께 겸손하게 온 마음으로 기도해야 한다. "저에게 자비를 베푸소서, 주님, 저는 쇠약한 몸입니다. 저를 고쳐 주소서, 주님, 제 뼈들이 떨고 있습니다"(시편 6,3). 그러면 우리는 지극히 높으신 분의 능력과 힘을 체험하게 되고, 주님의 도움으로 마침내 간음의 적을 쉽게 물리칠 것이다.[132]

제3장

탐욕

Avaritia

탐욕은 하느님이 아니라 재물을 섬기는 새로운 우상숭배며 하느님을 믿지 않는 불신의 씨앗이다. 바오로 사도는 탐욕을 육이 영에 대항하여 일으키는 반란이라고 보았다.

1. 탐욕의 예

어떤 부자

한 부자가 인생이라는 해변에 서 있었다. 그 건너편은 천국이었다. 그때 한 천사가 나타나 천국에 가려면 뗏목을 저어 바다를 건너가야 한다고 알려 주면서 부자에게 허름한 뗏목 하나를 가리켰다. 그러자 부자는 천국에 가기 위해 자기 재산을 뗏목에 싣기 시작했다. 이 광경을 지켜본 천사는 "이 뗏목은 몹시 낡았소. 짐을 너무 많이 실으면 가라앉고 말 거요"라고 말했다. 그러나 부자는 천사의 말을 귀담아듣지 않고 뗏목에 금궤, 돈 자루, 보석, 골동품, 미술 작품, 옷과 맛있는 음식 등을 계속 실었다. 짐을 모두 실은 부자는 무척 흐뭇해하며 뗏목을 타고 항해하기 시작했다. 그러나 얼마 가지 않아 큰 파도가 덮쳐 뗏목은 가라앉고 부자는 익사하고 말았다. 이렇듯 인간의 탐욕은 한도 끝도 없으며 그 끝없는 탐욕은 영혼에 많은 짐을 지운다.[133] 바오로 사도도 탐욕에 떨어진 사람은 결코 하느님의 나라를 차지할 수 없음을 지적했다. "도둑도 탐욕을 부리는 자도 주정꾼도 중상꾼도 강도도 하느님의 나라를 차지하지 못합니다"(1코린 6,10). 우리 모두는 탐욕의 결과가 곧 죽음이라는 사실을 잊어서는 안 된다.

게하지의 탐욕

아람 임금의 장수였던 나아만은 훌륭한 용사였지만 나병 환자였다. 그래서 임금이 이스라엘의 유명한 예언자인 엘리사에게 그를 보냈다. 엘리사는 그에게 요르단 강에 가서 일곱 번 몸을 씻으라고 했고 그 말대로 하자 나병이 나았다. 그가 사례를 하고자 엘리사를 찾아갔지만, 엘리사는 그의 선물을 거절했다. 그

모습을 지켜보던 엘리사의 종 게하지의 마음에 탐욕의 악덕이 싹텄다. 그는 고국으로 돌아가는 나아만을 쫓아가 거짓말로 두 탈란트와 예복 두 벌을 받아 왔다. 이 일을 알고 있던 엘리사는 탐욕에 마음이 흐려져 거짓말을 일삼은 종에게 "나아만의 나병이 너에게 옮아 네 후손들에게 영원히 붙어 다닐 것이다"라고 예언했다. 그러자 그의 몸이 즉시 나병으로 눈처럼 하얘졌다. 결국 게하지의 탐욕은 자신뿐 아니라 후손들도 나병에 걸리게 한 불행의 씨앗이 되었다(2열왕 5,1-27 참조).

유다 지파 아칸
아칸은 예리코의 저주받은 노획품 가운데 좋은 겉옷 한 벌과 은 이백 세켈 그리고 금 덩어리를 탐내어 그것을 훔쳐서 자신의 천막 안 땅속에 숨겨 두었다. 이로 인해 이스라엘 백성이 전투에서 크게 패했다. 후에 여호수아가 이 사실을 알게 되어 그와 그 가족들은 아코르 골짜기에서 백성들이 던진 돌에 맞아 죽었다. 그제야 주님께서 타오르는 진노를 거두셨다(여호 7,1-26 참조).

어리석은 부자
어떤 부자가 땅에서 소출을 많이 거두었다. 그는 그 많은 수확물을 어떻게 보관할지 걱정하다 자신의 곳간을 부수고 더 큰 곳간을 짓기로 했다. 그러면서 재산이 많으니 이제부터 편히 쉬면서 먹고 마시며 즐겨야겠다고 생각했다. 그러나 하느님께서는 바로 그날 밤 그에게 말씀하셨다. "어리석은 자야, 오늘 밤에 네 목숨을 되찾아 갈 것이다. 그러면 네가 마련해 둔 것은 누구 차지가 되겠느냐?"(루카 12,20). 먹고 마시며 즐기는 것은 재산이 쌓여 있는 동안에만 가능하다. 그러한 것은 결코 영원할 수 없음을 그는 깨닫지 못했다. 결국 그 어리석은 부자는 하느님 앞에 부유하지 못한 자가 되고 말았다(루카 12,16-21 참조).

유다 이스카리옷
베타니아에서 한 여인이 예수님께 다가와 그분의 발에 향유를 붓고 자신의 머리카락으로 그분의 발을 닦아 드렸다. 유다 이스카리옷은 이 모습을 보며 투덜거렸다. "어찌하여 저 향유를 삼백 데나리온에 팔아 가난한 이들에게 나누어 주지 않는가?"(요한 12,5). 그러나 이는 그가 진실로 가난한 사람들을 위해서 한 말이 아니다. 그가 돈주머니를 관리하면서 종종 거기에 든 돈을 가로챘기 때문이다. 이렇게 탐욕의 악덕에 떨어진 유다는 그 돈으로 만족하지 못하고 은전 서른 닢에 주님을 팔아넘긴다. 주님께서 사형선고를 받자 비로소 자기가 한 짓을 후회하면서 양심의 가책을 느끼고 스스로 목숨을 끊었다(마태 27,3-5 참조). 유다는 돈주머니를 맡고 있으면서 이전에도 탐욕의 악덕에 떨어져 돈을 유용하곤 했다(요한 12,6 참조). 처음에는 작게 시작된 탐욕이 결국 구원자이신 주님을 팔아넘기는 엄청난 결과로 이어졌다.

하나니아스와 사피라

사도행전에 나오는 하나니아스와 사피라 부부는 처음에 순수한 의도로 재산을 팔아 하느님께 봉헌하고자 했다. 그런데 두 사람은 재산 중에 일부를 따로 떼어 놓고, 나머지를 사도들에게 가져갔다. 이 사실을 안 베드로는 어찌하여 사탄에게 넘어가 하느님을 속이느냐며 그들을 질책했다. 그 결과 하나니아스와 사피라는 베드로 앞에서 쓰러져 죽고 말았다(사도 5,1-10 참조). 그들은 하느님께 순수하게 재물을 봉헌하지 못하고 인간적인 탐욕에 떨어져 결국 비극적인 결말을 맞았다. 결국 하나니아스와 사피라는 탐욕 때문에 비참한 죽음을 맞게 된 것이다.

2. 탐욕의 원인

최초의 죄를 낳은 인간의 불순종으로 인해 인간은 원초적인 거룩한 은총을 잃게 되었다. 그리고 하느님과의 관계에서 큰 손상을 입었고 인간관계 역시 갈등과 지배 아래 놓이고 탐욕으로 물들었다.[134] 탐욕의 질병은 다른 악덕들보다 더 해롭고 치명적이다. 이 악덕은 모든 악의 뿌리로서 다른 악덕들을 싹트게 한다.[135] 바오로 사도도 이렇게 말했다. "돈을 사랑하는 것이 모든 악의 뿌리입니다. 돈을 따라다니다가 믿음에서 멀어져 방황하고 많은 아픔을 겪은 사람들이 있습니다"(1티모 6,10). 사도는 돈이나 세상 재물에 집착하는 탐욕이 바로 모든 악의 뿌리임을 지적했다. 탐욕의 악덕은 처음에는 대수롭지 않게 다가오기 때문에 겉으로 잘 드러나지 않는다. 그러나 탐욕은 한 영혼을 심각하게 오염시키고 곧 모든 악덕의 소굴로 변질시키고 만다. 그러므로 탐욕의 악덕에 한번 떨어지면 헤어 나오기가 참으로 어렵다.[136] 그래서 주님께서는 탐욕을 경계하라고 권고하셨다. "너희는 주의하여라. 모든 탐욕을 경계하여라. 아무리 부유하더라도 사람의 생명은 그의 재산에 달려 있지 않다"(루카 12,15). 그러나 물질적이고 외적인 탐욕보다 먼저 마음 안에 있는 탐욕의 씨앗을 경계해야 한다. 성경은 이렇게 말하고 있다. "불행하여라, 너희 위선자 율법 학자들과 바리사이들아! 너희가 잔과 접시의 겉은 깨끗이 하지만, 그 안은 탐욕과 방종으로 가득 차 있기 때문이다. 눈먼 바리사이야! 먼저 잔 속을 깨끗이 하여라. 그러면 겉도 깨끗해질 것이다"(마태 23,25-26). 모든 악의 뿌리인 탐욕은 물질적 차

원인 잔과 접시의 겉만 깨끗하게 해서는 안 된다. 잔과 접시의 속과 같은 마음의 탐욕을 먼저 깨끗하게 해야 한다.

3. 탐욕과 행복

탐욕과 행복은 비례하지 않는다. 현대에 물질적 풍요는 증가했지만 삶의 질에 대한 만족도는 십 년 전보다 오히려 줄었다. 유럽인들은 지난 삼십 년 동안 부를 위해 모든 것을 희생하며 살았지만 더 행복한 사회를 이룩했다고 스스로 말할 수 없다. 영국의 헨리 센터Henley Center가 유럽인들을 대상으로 실시한 조사 결과에 따르면 금전적 부의 증가는 오히려 사람들에게서 활력을 빼앗고, 부의 축적을 위해 더 많은 시간을 그들에게 요구하는 것으로 나타났다. 유럽인 열 명 가운데 여섯 명은 필요한 물질적 소유물을 다 갖추고 있으며, 십오 년 전보다 훨씬 더 잘살고 있다고 대답했다. 특히 영국, 스페인, 독일의 가정은 실질 가치 기준으로 삼십 년 전보다 90퍼센트나 더 부유해졌다. 그러나 삶의 질은 이와 비례해서 만족한다는 결과를 얻지 못했다.

십여 년 전만 해도 유럽인의 70퍼센트 정도가 자신의 생활수준에 만족했으나, 지금은 조사 대상자의 45퍼센트만이 자신의 삶의 질에 만족한다고 대답했다. 또한 영국인 세 명 가운데 한 명은 현대 생활에서 받는 스트레스를 해소하기 위해 휴가를 즐기는 데 더 많은 돈을 쓰고 싶다고 응답했다. 여가를 위해 돈을 쓸 용의가 있다는 이들은 삼 년 전보다 10퍼센트 이상 늘어났다. 이렇듯 돈이나 재물과 같은 물질적 부가 행복을 보장해 주지 않는다는 것을 유럽인들은 최근에 몸소 체험하고 있다.

4. 탐욕과 소비문화

현대 사회는 많이 가질수록 만족하지 못하고 오히려 더 많은 것을 원하는 소비사회가 되어 버렸다. 특히 소비사회는 많이 가질수록 더 행복할 것이라고 사람들을 끊임없이 현혹한다. 소비사회 속의 마케팅은 항상 '더 많이'를 외칠 뿐 '덜'을 언급하지 않는다. 디즈니랜드는 미국 어린이들이 가장 가고 싶어 하는 곳이다. 물론 디즈니사에서 제작하는 영화들은 권선징악과 같은 도덕적이고 교훈적인 내용을 함축하고 있어 어린이들에게 긍정적인 역할을 한다. 그러나 디즈니사는 좋은 부모라면 디즈니사에서 판매하는 모든 상품을 아이에게 사 주어야 한다며 인간의 탐욕을 건드린다. 어느 대기업의 광고 카피인 "당신은 소중하니까

요"라는 문구도 같은 맥락이다. 이렇게 현대의 마케팅 전략은 소비자들에게 영혼의 자유를 약속하지만, 실제로는 소비에 대한 심각한 중독을 일으키고 있다.[137] 우리는 불행하게도 탐욕이 숨어 있는 이러한 소비문화 속에서 살아가고 있다.

이러한 탐욕이 내재된 소비주의를 거슬러 캐나다에서는 최근에 작은 운동이 시작되었다. 오늘날 크리스마스의 의미는 가족이나 친구들에게 선물하는 날로 변질되었다. 크리스마스란 바로 선물을 주고받는 잔치이기에 반드시 쇼핑을 해야 한다고 탐욕의 상술은 사람들을 세뇌시킨다. 그래서 캐나다에서는 이러한 탐욕을 거슬러 "아무것도 사지 않는 크리스마스"라는 운동이 시작되고 있다. 크리스마스 선물로 무엇을 살 필요가 없고 가지고 있는 것이나 손수 만든 것을 다른 사람들에게 선물하는 것이 그 의미가 더 깊다는 것이다.[138]

어떤 수도자는 아주 오래전부터 사용하던 면도기에 약간의 문제가 생겨 수리를 받기 위해 면도기 회사에 전화를 했다. 담당자는 '그 면도기는 단종된 지 오래되어 부품이 없다'고 잘라 말했다. 그래서 다시 '다른 방법이 없느냐'고 물었더니, 담당자는 귀찮다는 듯이 신제품을 하나 사라고 퉁명스럽게 대답했다. 물론 수도자가 그것을 모르는 것은 아니었다. 회사는 매출을 올리기 위해 매년 신제품을 출시하고 사람들에게 새로운 것을 더 사라고 유혹한다. 이러한 유혹을 거슬러 그 수도자는 옛것을 버리지 않기로 마음먹었고, 면도기와의 연이 다할 때까지 불편함을 감수하면서 사용하기로 결심했다고 한다. 오늘날 이처럼 소비주의를 거슬러 의식 있게 사는 지혜가 필요하다.

5. 유욕지상과 무욕지상

유욕지상有欲之相은 욕심이 가득한 얼굴을 말한다. 우리는 탐욕으로 가득 찬 어두운 사람을 종종 본다. 그들은 세상적 재물이나 명예에 매우 민감하기 때문에, 한순간도 마음이 고요하지 않고 요동친다. 더욱이 자기가 욕심내었던 어떤 것을 얻지 못했을 때는 쉽게 분노의 악덕에 떨어지고 심한 스트레스로 건강을 해친다. 이러한 사람들이 있는 가정이나 공동체의 분위기는 늘 어둡고 무겁다. 탐욕의 악덕에 떨어진 욕심 많은 사람은 어떠한 것으로도 만족하지 못하고, 끊임없이 더 많은 욕심을 내기 때문에 마음이 평화롭지 못하고 불안하다.

반면에 무욕지상無欲之相은 욕심이 없는 얼굴을 말한다. 이철수 판화가는 이렇게 표현하기도 했다. "무욕지상은 욕심 없는 얼굴이라 그 타고난 운세의 길흉과 화복이 모두 덧없다. 자리의 높고 낮음과 재물과 이름이 들고 나는 것을 상관치 않으니 일생이 고요하다." 욕심이 없는 마음은 무엇을 더 얻고자 하지 않기에 언제나 평화롭고 고요하다. 그러한 마음은 세상적인 재물에 대한 집착에서 자유로우며 세상의 명예나 자신을 다른 사람들에게 드러내는 일에도 별로 관심이 없다. 탐욕이 없는 사람의 얼굴이나 마음은 언제나 고요하고 평화로운 호수와도 같다.

6. 탐욕의 결과

단테는 『신곡』의 「지옥편」에서 탐욕에 대해서 언급하고 있다. 지옥의 제4환 입구에는 그리스 신화에 나오는 재물과 부귀의 마귀인 플루토스가 그 문을 지키고 있다. 제4환은 두 곳으로 나뉘어 있는데, 한 곳은 인색한 자들이 벌 받는 곳이고, 다른 곳은 낭비하는 자들이 벌 받는 곳이다. 그들 모두는 무거운 짐을 지고 돌다가 서로 비방하고 욕을 하면서 외치곤 했다. "돈 모아서 요 꼴이냐?" 또 "탈탈 털어 요꼴이냐?"라고 서로 빈정대고 있었다. 그러고는 서로 돌아서서 무거운 돌을 굴리며 반대쪽으로 사라졌다. 이러한 지옥의 형벌은 영원히 계속된다. 특별히 이곳에는 탐욕에 떨어졌던 교황과 추기경도 있다.[139] 이곳에서 단테를 안

내하던 베르길리우스는 말한다. "너 헛된 생각을 품는구나. 저들을 때 묻힌 분별없는 생활이, 저들을 아무도 몰라보게 만든 것을 … 너 바야흐로 알리로다. 행운에 맡겨진 돈, 인류가 그로 인해 미쳐 날뛰는 돈 법석은 덧없는 것이니라."[140]

연옥의 다섯째 둘레에는 탐욕에 떨어진 자들이 있다. 그들은 인색과 낭비벽에 빠졌던 자들로 모두 땅바닥에 엎드려 "내 영혼이 땅바닥에 붙었도다"라고 울면서 기도하고 있다.[141] 단테는 이곳에서 자신의 죄를 씻고 있는 사람들을 소개하고 있다.

첫째, 교황 하드리아노 5세다. 그는 제노바 출신의 귀족으로 속명은 오토부오노 데 피에스키다. 그는 1276년 7월에 교황이 되었지만 재위 38일 만에 죽었다. 무척이나 인색했던 그는 세상에서 하늘을 쳐다볼 겨를 없이 늘 지상의 것에만 초점을 맞추었기에 지금 연옥에서 벌을 받고 있다. 그는 세상의 행복이란 모두 덧없음을 고백했다.[142]

둘째, 페니키아에 있는 티로스의 왕 피그말리온이다. 그는 백부인 시카이오스의 재산을 빼앗으려고 그를 죽이고 거짓말을 하여 자기 죄를 감추었다.

셋째, 프리기아의 왕 미다스다. 그는 자신의 끝없는 탐욕을 채우려고 바쿠스 신에게 자신의 손이 닿는 것을 모조리 황금이 되게 해 달라고 청했다. 하지만 음식까지도 입에 들어가면 황금이 되어 그는 아무것도 할 수 없게 되었다. 그는 결국 슬퍼하며 바쿠스 신에게 다시 도움을 청했다.

넷째, 헬리오도로스다. 그는 아시아의 왕 셀레우코스의 명을 받고 예루살렘 성전에 들어가 재물을 약탈하려 했다. 그러나 갑자기 무시무시한 얼굴을 한 기사가 말을 타고 나타나 말굽으로 그를 몰아냈다(2마카 3,1-34 참조).

다섯째, 트로이 왕 프리아모스는 자기 아들 폴리도로스를 트라키아의 왕 폴리메스토르에게 보호해 달라고 부탁하며 맡겼다. 그러나 폴리메스토르 왕은 탐욕 때문에, 폴리도로스를 죽여 바다에 던지고 그의 재산을 가로챘다. 후에 죽은 아들의 어머니이자 왕비인 헤카베가 그리스군에게 사로잡혀 이곳에 와 있다가 우연히 바닷가에서 자기 아들의 시체를 발견하고는 몹시 분노했다. 그녀는 폴리메스토로 왕에게 접근하여 그의 두 눈을 빼어 죽임으로써 복수했다.

여섯째, 마르쿠스 루키니우스 크라수스는 카이사르, 폼페이우스와 더불어 로마를 삼두 정치하던 부유하고 욕심 많은 사람이었다. 그러나 그는 파르티아인과의 싸움에서 패하여 처형되었다. 그때 파르티아의 왕은 녹인 황금을 그의 목에 흘려 넣으면서, '너 아직도 황금에 목마르거든 자 이제는 이것을 마셔라'고 했다는 전설이 있다.[143]

7. 사막 교부들의 가르침

『사막 교부들의 금언집』에는 탐욕에 대한 일화가 여럿 전해져 온다. 어느 수도자가 오십 년 동안 빵과 포도주를 쉽게 먹고 마시지 않은 자신에 대해 자랑스러워했다. 이러한 소식을 들은 아브라함 압바가 어느 날 그에게 물었다. "만일 당신이 길을 가다가 금을 발견한다면 당신은 돌과 금을 같은 가치로 여깁니까?" 그러자 그 수도자가 대답했다. "아닙니다. 그러나 그 금을 줍지 않기 위해 내 생각과 싸울 것입니다." 이에 교부는 대답했다. "보십시오. 당신은 아직도 탐욕을 완전히 제어하지 못했습니다. 탐욕은 아직도 당신 안에 살아 있습니다."[144]

어떤 사람이 스케티스의 이사야스 압바Abba Isaias에게 탐욕이 무엇인가를 묻자, 그는 이렇게 간결하게 대답했다. "탐욕이란 하느님께서 당신을 돌보고 계시다는 것을 믿지 않는 것이며, 하느님의 약속을 신뢰하지 않고, 뽐내는 것을 좋아하는 것입니다."[145] 사바스Sabas 성인의 동굴이 있는 마르 사바Mar Saba 수도원에서 고요한 삶을 추구하던 한 형제가 엘리아스 압바Abba Elias에게 와서 생명의 길에 대해서 물었다. 그러자 압바는 이렇게 대답했다. "앞선 우리의 수행자들은 세 가지 덕, 즉 가난, 순종, 금식이라는 덕을 이루기 위해 노력했습니다. 그러나 오늘날 수도자들은 탐욕, 자만심, 큰 욕심을 제어하지 못하고 있지요. 그러니 당신은 지금 자신이 원하는 것을 선택하십시오."[146]

수도 교부들은 탐욕의 악덕에서 자신을 지키기 위해 필요 이상의 물건을 소유하려 하지 않았다. 의복에 있어서도 그들은 매우 엄격했다. 성 안토니우스는 평생 털내의와 가죽 겉옷만 입었으며, 세라피온 압바Abba Serapion는 평생 낡은 담요만 걸치고 살았다. 팜부스 압바Abba Pambus는 수도자들은 사흘 동안 밖에 놔두어도 아무도 거들떠보지 않을 정도의 옷만 입어야 한다고 강조하기도 했다.[147]

8. 에바그리우스의 가르침

에바그리우스는 카시아누스와 달리 여덟 가지 악덕 중에서 탐욕의 악덕을 가장 짧게 언급하고 있다. 그러나 이것이 영성생활에 있어서 탐욕이 덜 중요하다는 것을 의미하지는 않는다. 영성생활에 있어서 탐욕은 외부에서 오기 때문에, 처음부터 잘 지키고 경계하면 쉽게 극복할 수 있다. 그러나 처음에 놓치면 탐욕은 지진해일처럼 엄청나게 강력하고 파괴적인 힘으로 다가올 수 있다.[148]

에바그리우스는 탐욕의 악덕이 어떻게 수도자들에게 다가와 그들을 걸려 넘어지게 하는지 설명했다. 먼저 사탄은 수도자에게 접근하여 긴 노년과 미래의 굶주림에 대해 걱정하게 만든다. 그리고 앞으로 닥칠 여러 질병과 궁핍에 대한 고통이나 다른 사람들에게 생필품을 받는 데 따르는 수치심을 떠오르게 함으로써 탐욕의 악덕의 덫에 걸리게 한다.[149] 에바그리우스는 『안티레티코스』에서 이러한 가난하고 궁핍한 삶을 예언하는 탐욕과 필요 이상으로 생필품을 축적하려는 탐욕의 악덕을 거슬러 하느님의 말씀을 더 간절히 묵상할 것을 제시했다.[150]

9. 요한 카시아누스의 가르침

탐욕의 징조

탐욕의 악덕이 미지근하고 열의가 없는 수도자의 정신을 공격하게 되면 이제 그는 매우 적은 금액에 대해서도 고민하기 시작한다. 그리고 자신을 위해서 돈을 가지고 있어야 하는 합당한 이유를 떠올리기 시작한다. 그는 늙고 병든 자신의 모습을 떠올리거나 수도원에서 제공되는 것들이 자신의 건강에 적합하지 않다고 불평하기 시작한다. 나중에 건강이 좋지 않을 때 자신에게 아무것도 없다면 얼마나 초라한 것인가를 상상하며 걱정하기 시작한다. 또한 수도원에서 제공되는 의복이나 음식이 충분하지 않다고 생각한다. 그리고 여행을 갈 때 자기에게 아무것도 없다면 어떻게 할 것인지 심각하게 고민한다. 이러한 탐욕의 악덕은 수도원의 엄격함 때문에 다른 수도자들도 수도원에 오래 머물지 못할 것이라고 생각하게 만들어 결국 스스로 충실한 삶을 살지 못하게 만든다. 바로 이러한 것들이 탐욕의 징조다.

탐욕의 변명

각자가 받은 소명에 불충실할 때 우리 영성생활을 크게 위협하는 온갖 유혹이 다가온다. 바로 그때가 여러 유혹에 노출되는 순간이기 때문이다. 사탄은 결코 아무런 이유 없이 그리스도인을 공격하지 않는다. 어떤 사람이 탐욕에 떨어지면, 그는 '왜 우리는 돈을 모으고 재산을 유지해야 하는가?'라는 그럴듯한 구실을 만들어 낸다.[151] 예수님의 열두 제자 가운데 하나였던 유다가 바로 그러한 예다. 베타니아에서 마리아가 예수님의 발에 비싼 향유를 붓자, 유다는 가난한 이들을 위해 그 돈을 사용하지 않은 것에 불평하며 못마땅해했다(요한 12,1-5 참조). 그러나 사실 유다는 돈을 가지고 싶은 자신의 유혹을 숨기기 위해서 궁색한 변명을 만들어 낸 것이다. 그가 이렇게 말한 것은 진실로 가난한 사람들을 위해서가 아니라, 그가 도둑이었기 때문이다(요한 12,6 참조). 하나니아스와 사피라(사도 5,1-11 참조)도 유다와 비슷하다. 그들은 재산에 대해 유혹을 받았을 때 합당한 변명을 생각해 냈다. 어떤 사람은 가난한 사람을 위해서 돈을 많이 가져야 한다고 주장하기도 한다. 그러나 성경에 나오는 가난한 과부의 일화는 렙톤 두 닢일지라도 그것은 하느님 나라를 차지하기에 충분하다는 사실을 일깨워 주고 있다(루카 21,1-4 참조).

이러한 예들에서와 같이, 탐욕의 특성은 항상 이렇게 합당한 변명들을 생각해 낸다는 것이다. 그러나 이러한 악덕에 떨어진 사람의 마음 안에는 먼저 주님께 대한 불신과 기만이 자리하고 있음을 알아야 한다.

탐욕의 파괴성

탐욕은 다른 악덕들의 뿌리며 다른 죄들을 일으키는 원인이다. 불교에서는 인간에게 치명적인 세 가지 독, 즉 탐貪(탐욕)·진嗔(분노)·치癡(어리석음)에 대해서 말하고 있다. 인간에게 치명적인 독 세 가지 중에서, 탐욕의 악덕이 제일 먼저 언급되고 있다. 그러므로 누구든지 탐욕의 악덕에 떨어지면 다른 악덕들에서도 자유로울 수가 없게 된다. 어찌 보면 탐욕은 가장 위험한 악덕으로서 영성생활에 중대하고 치명적인 문제를 가져올 수 있다. 탐욕은 탐식이나 간음의 악덕보다 더 광범위하고 더 파괴적이다. 그것은 처음에는 살며시 다가오지만 점점 아주 치명적으로 변할 수 있기 때문이다. 그러므로 탐욕의 악덕을 늘 조심해야 한다. 만약 우리가 옷 두 벌이면 충분하면서 세 벌 혹은 네 벌을 갖고자 하거나, 집 한 채면 충분하면서 두 채 혹은 세 채를 갖고자 애쓴다면 바로 그것이 탐욕의 악덕에 걸려드는 것이다.152 결국 이러한 자들은 영성생활에 심각한 위험에 빠지게 된다.

탐욕의 종류

카시아누스는 탐욕을 세 가지 형태로 구분했다.

첫째는 세상을 포기하고 수도원에 입회하려는 자가 세속의 재산을 완전히 포기하지 않고 남겨 두는 경우다. 그러한 자는 수도생활 중 작은 어려움에도 옛 생활로 되돌아가고자 하는 유혹에 쉽게 빠지게 된다. 그는 결코 자신이 선택한 수도생활 안에서 참된 기쁨과 사랑 그리고 봉사의 삶을 충만히 살아갈 수 없다. 성경에 이러한 예가 바로 하나니아스와 사피라다.

둘째는 이전에 가난한 자들에게 자신이 나누어 준 것보다 더 많이 수도원에서 그러한 것들을 되받으려고 하는 경우다. 이러한 경우 역시 온전히 수도생활 안에 머물 수 없다. 성경에 이러한 예는 바로 예수님의 제자였던 유다 이스카리옷이다.

셋째 형태는 수도자가 이전에 소유하지 못했던 것들을 수도원 안에서 더 많이 소유하고자 하는 보상 심리다.[153] 이러한 경우 역시 온전히 수도생활 안에 머물 수 없다. 성경에 이러한 예는 바로 예언자 엘리사의 종 게하지다.[154]

탐욕의 전염성

탐욕은 육체적·정신적·영적 측면을 지니고 있다. 우리가 육체적 탐욕을 허락하면 자동적으로 정신적 측면으로 넘어가고 결국 더욱 깊은 영적 측면이 영향을 받게 된다. 이것은 독이 온몸에 서서히 퍼지는 것과 같고, 먹물이 천에 천천히 조금씩 스며드는 것과 같다. 탐욕의 유혹은 결코 육체적 측면에만 머무르지 않는다. 탐욕은 걷잡을 수 없이 전염되는 흑사병과도 같다.[155] 탐욕에 떨어진 유다는 처음에는 가끔 돈주머니에서 푼돈을 꺼내 쓰곤 했겠지만, 언젠가부터는 공공연하게 그렇게 했다. 탐욕의 광기는 돈에 대한 유혹에서 멈추지 않았다. 그는 주님을 배반하고 급기야 그분을 팔아넘겼다. 탐욕의 광기는 지금의 것에 만족하도록 내버려 두지 않고 더 많은 것을 요구한다.[156]

구약성경에 나오는 나봇의 포도밭 이야기는 우리에게 많은 교훈을 준다. 아합 왕은 자신의 별궁 근처에 있던 나봇의 포도밭을 탐했다. 그래서 어느 날 아합 왕은 나봇에게 "그대의 포도밭을 나에게 넘겨주게 … 그 대신 그대에게는 더 좋은 포도밭을 주지"(1열왕 21,2)라고 말했다. 그러나 나봇은 조상에게서 물려받은 상속재산을 넘겨줄 수 없다고 단호히 거절했다. 그러자 왕은 속이 상하고 화가 나서 실의에 빠져 누워 버렸다. 이에 간악한 그의 아내 이제벨이 사람들을 시켜 나봇이 하느님과 왕을 욕했다고 모함을 하여 그를 돌로 쳐 죽이게 했다. 그러고는 아합 왕으로 하여금 나봇의 포도밭을 차지하게 했다. 그러나 그때 엘리야에게 하느님의 말씀이 내려 아합에게 주님의 말씀이 전해졌다. "나 이제 너에게 재앙을 내리겠다. 나는 네 후손들을 쓸어버리고, 아합에게 딸린 사내는 자유인이든 종이든 이스라엘에서 잘라 버리겠다"(1열왕 21,21).

이렇게 인간의 탐욕은 물건에 대한 욕심을 넘어 결국 죄 없는 사람을 죽게 할 수도 있다. 그러므로 완덕에 도달하기 위해서는 아주 작은 탐욕도 결코 마음 안에 허락해서는 안 된다.[157] 수행자는 세상 재물과 돈에 대한 어떠한 소유도 과감히 포기해야 하며 그러한 바람조차도 단호히 근절해야 한다.[158]

탐욕의 결과

탐욕에 사로잡힌 수도자는 이제 장상에게 알리지도 않고 돈을 축적할 수 있는 기회를 찾기 시작한다. 그는 몰래 어떤 것을 팔아서 원하는 돈을 갖게 되면 두 배로 이윤을 남기고자 또다시 그런 일에 몰입한다. 이렇게 자신의 계획에 따라 돈을 축적하면, 이제 더 많은 돈을 벌기 위해 그는 더 큰 탐욕의 덫에 걸려 깊이 빠져들게 된다. 결국 그의 모든 생각이나 마음은 하느님이 아닌 어떻게 돈을 더 모을 수 있는지에만 초점이 맞춰진다. 이러한 탐욕의 덫에 걸려든 수도자는 점점 신앙도 사라지고 수도생활 자체에 대해서도 환멸을 느낀다. 그러면 가능한 한 빨리 수도원을 떠날 구실을 찾게 된다.[159] 이렇듯 탐욕의 덫에 걸려든 수행자는 하느님에 대한 사랑이 아니라, 황금에 더 몰입함으로써 또 다른 우상숭배에 떨어지게 된다. 이러한 악덕에 걸려든 수도자는 심리적으로 수도원 안에서 작은 일들에 쉽게 분노하고 안절부절 못하게 된다. 또한 모든 것에 쉽게 불평하거나 수도원을 하루빨리 떠나지 않으면 자신은 멸망하고 말 것이라고 단정 짓는다. 마침내 수도원을 떠남으로써 수도생활 전체를 포기하게 된다. 더욱이 그는 자신의 생각에 동조하도록 동료 수도자들을 유혹해 그들도 수도원을 떠나도록 부추긴다.[160] 바로 이것이 탐욕의 무서운 결과다. 그래서 카시아누스는 돈을 가지고 있는 수도자는 공동생활을 순수하게 계속할 수 없다고 단정했다.[161] 그러므로 장상은 수도원에 입회하려는 사람에게 자신이 이미 소유했던 것들을 온전히 포기할 것과 수도생활 중에도 그러한 것에 연연해서는 안 된다고 권고해야 한다.

　세상을 떠난 수행자는 세상의 덫에서 그리고 모든 악의 뿌리인 탐욕에서 자유로워져야 한다. 탐욕에서 자유롭지 못하면 점점 탐욕의 덫에 걸려 공동생활이나 기도생활도 기쁘게 할 수가 없다. 그러므로 진실로 탐욕의 악덕에서 정화되기를 바란다면 이전에 소유했던 것들을 철저히 포기하고 소유하지 못했던 것들을 얻고자 하는 바람도 가져서는 안 된다.[162] 아주 적은 돈도 스스로에게 허락하지 않는 가난한 마음만이 근원적으로 탐욕의 악덕을 이길 수 있다.[163] 탐욕의 결과는 파멸이며, 탐욕을 부리는 자는 결코 하느님 나라에 들어갈 수 없다는 성경의 말씀을 잊어서는 안 된다(참조: 1코린 6,10; 2베드 2,3).

무엇을 선택해야 하는가?

영성생활은 매 순간 하느님을 향한 선택의 삶이다. 우리는 자주 영성생활에서 하느님과 맘몬Mammon 사이에서 하나를 선택해야 하는 상황에 직면하게 된다. 『사막 교부들의 금언집』에 따르면, 어떤 형제가 이사야스 압바에게 탐욕에 대해서 물었다. 그러자 그는 "당신을 돌보고 있는 하느님과 그분의 약속을 믿지 않으며, 스스로를 뽐내는 것이 바로 탐욕이다"라고 지적했다.[164] 주님께서 말씀하셨듯이, 우리는 하느님과 맘몬을 동시에 섬길 수 없다(마태 6,24 참조). 하나를 선택하면 다른 하나를 포기해야 한다. 주님은 "쟁기에 손을 대고 뒤를 돌아보는 자는 하느님 나라에 합당하지 않다"(루카 9,62)고 분명히 말씀하셨다. 결국 영적 전쟁에서 하느님과 맘몬을 함께 추구하고자 하면 결코 참된 승리를 얻을 수 없다.[165] 하느님은 우리에게 당신만을 따르라고 요구하신다. 이러한 탐욕은 바로 모든 악의 뿌리며 우상숭배이기 때문에[166] 바오로 사도는 탐욕을 죽이라고 권고했다(콜로 3,5 참조). 그러므로 우리는 "너희는 주의하여라. 모든 탐욕을 경계하여라. 아무리 부유하더라도 사람의 생명은 그의 재산에 달려 있지 않다"(루카 12,15)라는 주님의 말씀에 귀 기울여야 한다.

10. 탐욕을 극복하는 방법

첫째, 영적인 싸움을 하는 동안 아주 작은 탐욕의 씨앗일지라도 우리 마음 안에 그것을 결코 허락해서는 안 된다. 탐욕은 미소하게 시작되지만, 시간이 갈수록 점점 더 커져 더 많은 것을 요구하게 된다. 우리 안에 일단 따리를 튼 탐욕은 괴물처럼 변해 결국 우리를 죽음으로 내몬다.[167] 그러므로 아주 미소한 탐욕일지라도 시작부터 주의하고 모든 악의 뿌리인 탐욕을 잘라 내기 위해 영적 수행을 게을리해서는 안 된다.[168] 만약 우리가 탐욕을 조금이라도 허락한다면 그동안 맺은 영적 열매들은 모두 수포로 돌아가고 만다.[169] 그래서 성경은 이렇게 말하고 있다. "어리석은 자야, 오늘 밤에 네 목숨을 되찾아 갈 것이다. 그러면 네가 마련해 둔 것은 누구 차지가 되겠느냐?"(루카 12,20).

둘째, 탐욕의 결과는 비참함과 죽음이라는 사실을 잊어서는 안 된다. 성경에 나오는 유다의 종말이나 하나니아스와 사피라의 죽음 그리고 게하지의 나병이 이를 잘 입증하고 있다.

셋째, 쟁기를 잡고 뒤를 돌아보아서는 안 되며, 두 마음을 품어서도 안 된다. 이러한 태도는 우리를 다시 사탄의 노예로 만들 수 있다. 그러므로 이미 포기한 것들을 생각하거나 이전에 가지지 못했던 것을 갖고자 시도하는 것은 영적인 삶에 아무런 도움이 되지 못한다.[170] 사실 수도자가 가난 서원을 하는 것은 자기 안에 있는 탐욕을 포기하고 진정 자유로워지기 위해서다.

넷째, 눈의 탐욕을 조심해야 한다. 잠언은 "눈길이 탐욕스러운 사람은 재물 모으기에 급급하지만 빈곤이 자기에게 들이닥치리라는 것은 깨닫지 못한다"(잠언 28,22)라고 지적한다. 집회서는 "탐욕스러운 눈은 좋지 않다는 사실을 기억하여라. 눈보다 더 탐욕스럽게 창조된 것이 무엇이겠느냐?"(집회 31, 13)라고 반문하고 있다. 그러므로 일상에서 늘 눈의 탐욕을 경계해야 한다.

다섯째, 수행자로서 항상 절제의 삶을 살고 넘치는 영적인 사랑을 지녀야 한다. 영적 싸움은 마음의 정화와 절제의 실천이 요구된다.[171] 에바그리우스는 탐욕, 교만, 나태, 허영심, 분노와 같은 악덕에 대한 치료제로써 영적 사랑을 특히 강조했다.[172]

여섯째, 우리는 하느님의 은총 안에서 인내로 그분께 달려가야 한다.[173] 인간의 약함을 인정하지 않거나 하느님의 자비와 도움을 구하지 않는다면, 우리는 결코 참된 목적지인 하느님 나라에 들어갈 수 없다. 영적 여정에서 인간의 노력과 더불어 하느님의 은총과 자비는 절대적으로 필요하다. 하느님의 은총이 없는 인간의 노력은 오류에 빠질 수 있다. 하느님의 은총은 인간의 구체적이고 실천적인 응답을 요구하고 있다. 아우구스티누스Augustinus와 펠라기우스Pelagius는 하느님과의 합일을 위해 인간의 노력이 먼저인지 하느님의 은총이 먼저인지에 대해 오랫동안 논쟁했다. 이 논쟁에서 교회는 최종적으로 하느님의 은총이 먼저라는 아우구스티누스의 주장을 받아들였다.

일곱째, 렉시오 디비나 수행을 충실히 해야 한다. 이 말씀 수행은 탐욕의 씨앗이 뿌리내리는 것을 막고, 우리의 초점을 늘 주님께 향하도록 일상에서 우리를 자극하고 하느님께로 인도한다. 에바그리우스는 탐욕의 각 상황에 따라 적절한 하느님의 말씀을 깊이 묵상해야 함을 강조했다.[174]

여덟째, 자주 자신의 신원에 대해 자문해 보아야 한다. 인간의 마음은 텅 빈 공간과도 같다. 탐욕이 그 마음을 차지하면 인간은 추하게 변질하고 급기야 죽음에 내몰린다. 그러나 하느님이 그 마음을 차지하게 되면 인간 존재는 아름답게 변모되고 우리는 영원한 생명으로 인도될 것이다. 그러므로 영성생활에서 하느님이 우리 마음을 온전히 차지하실 수 있도록 마음을 잘 지키고 다스려야 한다. 그 구체적인 방법은 자주 자신에게 이렇게 질문을 하는 것이다. '나는 누구인가? 나는 지금 어디에 있는가?' 그리스도인으로서의 신원을 잃는다면, 우리 마음은 탐욕을 비롯한 여러 악덕에서 결코 자유롭지 못할 것이다.

제4장

분노

Ira

분노란 우리 내면에 숨은 미움과 불만을 밖으로 표출하는 것을 말한다. 탐욕과 분노는 원래 같은 성격은 아니지만, 모두 밖에서 오는 충동으로 일어나게 된다.[175] 분노의 악덕은 악의로 이끌고, 악의는 다시 중상으로, 중상은 수다로, 수다는 거짓말과 그에 따르는 악덕들을 가져오기 때문에 특별히 조심해야 한다.

1. 분노의 예

카인과 아벨

우리는 카인과 아벨의 이야기(창세 4,1-16)에서 인간의 분노나 화가 얼마나 엄청난 결과를 낳는지 본다. 아담과 하와는 아들 둘을 낳았는데, 큰아들 카인은 농부가 되었고 작은아들 아벨은 양 떼를 치는 목자가 되었다. 그들은 때가 되어 하느님께 저마다 예물을 봉헌했다. 하느님께서는 아벨과 그가 바친 예물은 반기셨지만, 카인과 그가 바친 예물은 전혀 반기지 않으셨다. 본문에 따르면, 카인은 땅에서 난 곡식 중 일부를 주님께 예물로 드렸지만 아벨은 양 떼 가운데서 가장 좋은 것을 봉헌했다. 카인은 그냥 곡식을, 아벨은 가장 좋은 것인 맏배를 봉헌한 것이다. 하느님께 대한 봉헌은 그 자체가 순수하고 가장 좋은 것으로 봉헌해야 했지만 카인은 그렇게 하지 않았다. 하느님께서는 바로 이 점을 카인에게 깨닫게 하고자 하셨던 것이다. 카인은 마음이 순수하지 못했고 자기중심적 사고에 빠져 있었던 것 같다. 그는 아무거나 하느님께 봉헌하면서 그분께서는 당연히 자신의 것을 기쁘게 받아 주셔야 한다고 생각했으며 심지어 아벨의 것보다 자기 것을 더 반겨 주셔야 한다고 생각했다. 그러나 이러한 생각이 철저히 빗나가자 카인은 얼굴을 떨어뜨리고 분노하기 시작하더니 몹시 화를 냈다. 결국 카인은 아우를 들로 가자고 꾀어내어 살해하고 말았다. 아벨을 찾는 하느님께 그가 한 대답은 매우 흥미롭다. "네 아우 아벨은 어디 있느냐? 그가 대답하였다. '모릅니다. 제가 아우를 지키는 사람입니까?'" 하며 잡아뗀

것이다. 죄를 지은 인간은 대개 이처럼 처음에는 자신의 죄를 모른다고 잡아뗀다. 변명하는 그에게 하느님께서 저주를 내리시자, 그는 다시 그분께 간절히 청했다. "그 형벌은 제가 짊어지기에 너무나 큽니다. … 만나는 자마다 저를 죽이려 할 것입니다." 그러자 하느님께서는 그에게 다시 자비를 베푸시어, "그를 죽이지 못하게 하셨다."

요나

구약성경에 나오는 요나의 분노(요나 4,1-11)는 많은 묵상거리를 제시한다. 요나는 니느웨에 내리려던 재앙을 하느님께서 거두시자 잔뜩 화가 났다. 하느님의 자비를 이해하지 못한 요나는 그분의 처신에 분노했다. 그는 "제발 저의 목숨을 거두어 주십시오. 이렇게 사느니 죽는 것이 낫겠습니다"라고 퉁명스럽게 대꾸했다. 그의 화는 하느님의 자비에서 비롯되었는데 사실 이는 그와는 아무런 관련이 없었다. 그럼에도 그는 엉뚱한 인과에 의해서 분노의 악덕에 떨어졌다. 사실 우리도 아무런 관련도 없는 인과에 의해 일어나는 분노를 종종 겪곤 한다.

 이제 요나는 엉뚱한 원인에서 비롯된 분노의 악덕에 깊이 떨어지게 된다. 그는 성읍을 빠져나가 동쪽으로 가서 초막을 짓고, 그늘에 앉아서 그 성읍에 무슨 일이 일어날지 보려고 했다.

그때 하느님께서는 요나의 머리 위에 아주까리를 자라게 해 주시어 더위를 식혀 주셨다. 그는 아주까리 덕분에 잠시 기분이 아주 좋아졌다. 그러나 다음 날 새벽에 하느님께서는 벌레 하나를 마련하시어 아주까리 잎을 쏠게 해 말라 죽게 하셨다. 해가 뜨자 뜨거운 열풍이 다시 불어왔다. 해마저 내리쬐니 요나는 죽을 지경이 되었다. 요나는 또 화를 냈다. "이렇게 사느니 죽는 것이 낫겠습니다." 그러자 주님께서는 "화를 내는 것이 옳으냐?"고 물으셨다. 그는 "옳다 뿐입니까? 화가 나서 죽을 지경입니다"라고 대답했다. 그러자 주님께서는 "너는 네가 수고하지도 않고 키우지도 않았으며, 하룻밤 사이에 자랐다가 하룻밤 사이에 죽어 버린 이 아주까리를 그토록 동정하는구나!"라며 그를 심하게 꾸짖으셨다.

이스라엘 임금

아람 임금이 총애하던 용감한 장수 나아만은 나병 환자였다. 그가 어느 날 전쟁에 나갔다가 이스라엘 소녀를 사로잡아 와서는 자기 집 노예로 삼았다. 어느 날 소녀가 여주인에게 "주인 어르신께서 사마리아에 계시는 예언자를 만나 보시면 좋겠습니다. 그분이라면 주인님의 나병을 고쳐 주실 텐데요"(2열왕 5,3)라고 청했다. 그래서 나아만은 임금에게 그 소녀의 이야기를 했다. 그러자 임금은 이스라엘 임금에게 그를 보내며 많은 예물과 더불어 그의 병을 고쳐 달라는 부탁의 편지도 전했다. 그러나 이스라엘 임금은 그 친서를 받자마자 옷을 찢으면서 크게 분노했다. 아람 임금이 자기와 싸울 구실을 찾고 있다고 오해한 것이다(2열왕 5,1-7 참조). 이스라엘 임금은 아람 임금의 본의를 제대로 알지도 못하면서, 자기 식으로 생각하고 판단하여 결국 스스로 분노의 악덕에 떨어지고 말았다.

나아만

엘리사를 찾아간 나아만 역시 예언자 엘리사가 심부름꾼을 시켜 요르단 강에 가서 일곱 번 몸을 씻으라는 말만 전하자 발길을 돌리며 화가 나서 분노에 휩싸였다. 나아만은 당연히 엘리사가 직접 자기를 마중 나와서, "주 그의 하느님의 이름을 부르며 병든 곳 위에 손을 흔들어 이 나병을 고쳐 주려니 생각하였다"(2열왕 5,11). 그러나 엘리사가 심부름꾼을 시켜 말을 전하자, 나아만은 무시당했다고 생각하고 큰 분노에 떨어지고 말았다. 나아만은 역시 자기 예상대로 일이 되지 않자 너무도 쉽게 분노에 휩싸이고 말았다. 그러나 엘리사는 그를 무시하지도 않았고 그럴 의도도 없었다. 이렇게 잘못된 판단과 생각이 우리를 분노의 악덕에 빠뜨릴 수 있음을 직시해야 한다.

2. 분노의 원인

자기중심적 사고

분노와 화의 원인은 순수하지 못한 마음, 자기중심적 사고에 있다. 순수한 마음을 지닌다면 분노와 화의 악덕은 우리에게 다가올 수 없다. 자기중심적 사고방식, 예를 들면 '당연히 내가 생각한 대로 될 것'이라는 사고는 매우 위험하다. 이런 사고방식으로는 진정한 통교를 이룰 수 없다. 자신이 생각한 대로 일이 순조롭게 되면 다행이지만, 그렇게 되지 않았을 경우 분노는 쉽게 우리 마음을 장악할 수 있다. 그러므로 자기중심적인 사고가 아니라 먼저 상대방을 배려하고 그에게 귀를 기울이는 노력이 필요하다. 이것은 이기적인 사고의 반대인 이타적인 사고다.

비교의 위험

분노와 화는 남과 자신을 비교함으로써 올 수 있다. 남과 자신을 비교하는 것은 공동생활에 매우 위험하다. 우리는 하느님 앞에서 모두 고귀하다. 내가 어떤 점에서는 남보다 나을 수 있지만 어떤 점에서는 다른 사람보다 못할 수 있다. 이를 인정하지 않고 한 가지 측면에서만 남과 자꾸 비교하다 보면 문제가 생긴다. 물론 나보다 못한 사람과 비교할 때는 우쭐해질 수 있겠지만 자기보다 뛰어난 사람과 비교할 때는 기분이 매우 좋지 않게 된다. 이러한 비교는 시샘, 분노, 화의 불씨다. 그러므로 있는 그대로의 자신과 타인의 모습을 인정하는 것이 중요하다. 나에게 좋은 점이 있으면 있는 그대로 하느님 앞에서 감사하고 받아들이면 된다. 별로 드러내 놓고 싶지 않은 약점이 있다면, 그것 역시 하느님 앞에서 그대로 받아들이고 인정하면 된다. 창세기에 나오는 카인은 바로 이 점이 부족했다. 그는 순수하지 못한 마음으로 아벨과 자신을 비교했으며 자기중심적 사고에서 벗어나지 못했다. 그래서 그는 하느님의 처신을 받아들일 수 없었고, 그의 마음에는 화와 분노가 들끓기 시작하여 점차 마음이 어두워졌다. 결국 그는 돌이킬 수 없는 더 큰 죄악으로 내몰려 결국 동생 아벨을 살해했다. 그러므로 영성생활을 깊게 하고자 하는 사람은 먼저 이러한 화나 분노를 잘 다스려야 한다. 이러한 악덕의 덫에 걸려들게 되면 마음의 평화도 기쁨도 초자연적인 은총도 우리 안에 머물 수 없다. 그러므로 오랜 수행을 통해 마음을 잘 다스려야 한다.

상실의 위험성

화나 분노의 원인이 나와 직접적인 관련이 없는 경우도 종종 있다. 요나의 경우처럼, 아주까리는 처음부터 있던 것이 아니었다. 하느님의 자비로 없던 것이 생겼다가 원래대로 없어진 것이다. 처음부터 내 것도 아니고 예전부터 있던 것도 아니기에, 내게 주어진 모든 것에 하느님께 전적으로 감사를 드려야 한다. 그러나 많은 사람이 없던 것이 생기게 된 것을 알아채지 못하고, 있던 것이 없어진 것에만 집착하게 되니 분노의 악덕에 쉽게 떨어지는 것이다. 바로 여기서 모든 문제가 발생한다. 우리 인생의 모든 것을 깊이 성찰해 보면 내게 주어진 모든 것은 결코 내 것이 아니다. 그럼에도 우리는 살아가면서 얻는 선물들에 감사하지 못하고 끝없는 애착과 집착으로 눈멀게 된다. 그러다 내 것이라 생각한 것이 사라졌을 때 이성을 잃고 쉽게 분노의 노예가 된다. 인간 존재의 근원에 대해 깊이 성찰하는 것은 중요하다. 처음부터 내 것인 것은 없었다는 사실을 자각한다면, 우리는 일상의 선물들에 더 많이 감사할 수 있을 것이다.

비합리적인 신념

미국의 심리학자 앨버트 엘리스는 1950년대에 처음으로 '합리적 정서 행동 치료'(Rational Emotive Behavior Therapy)를 주장했다. 그는 인간의 모든 파괴적인 감정이 비합리적인 생각에서 기인한다고 보았다. 예를 들면, 학교에서 시험을 잘 못 본 것은 부끄러운 일이지만, 그 일에 세상에서 쓸모없는 존재라는 비논리적인 가설을 더할 필요는 없다.[176] 우리의 신념 체계에는 합리적 신념과 자기 파괴적인 비합리적인 신념이 있다. 나는 주위 사람들에게 항상 사랑과 지지를 받아야 한다고 생각하는 것은 비합리적인 신념이다. 또 과거의 사건이 현재 일어나는 사건의 원인이라고 맹목적으로 믿는 것도 마찬가지다. 그러나 합리적 사고방식은 현실적이고 사실적인 측면에 주안점을 두어 비합리적 생각이 들어오지 못하게 한다. 이처럼 '합리적 정서 행동 치료'는 긍정적 감정이든 부정적 감정이든 우리 감정이 극단으로 치닫는 것을 막고 현실적인 사고방식을 갖도록 도와준다.[177] 합리적 사고방식은 현실을 그대로 받아들이고 긍정적인 생각을 하게 한다. 예를 들면, 어떤 사람이 만원을 가지고 있다가 사천 원을 잃어버렸다. 부정적인 사람은 잃어버린 사천 원에 초점을 맞추어 깊은 상심에 떨어져 쉽게 분노할 수도 있다. 그러나 합리적인 사고를 지닌 사람은 남아 있는 육천 원에 초점을 맞추어 스스로를 위로하며 감사할 것이다. 기원전 3세기에 활약했던 스토아학파의 제논Zenon은 격정이라는 감정을 영혼 안에서 일어나는 불합리하고 부자연스러운 움직임이라고 보았다. 그래서 그는 인간의 욕망이나 감정이 덕을 지향하도록 의식적으로 통제되어야 하며 동시에 어떤 것도 덕을 갖추려는 우리의 의지를 흔들어서는 안 된다고 강조했다. 스토아학파는 분노나 격정을 우리의 통제력을 벗어난 욕망과 두려움으로 보았는데, 이것은 합리적 정서 행동 치료에서 말하는 비합리적 신념들로서 우리의 마음을 심각하게 훼손하고 파괴한다.[178]

3. 분노와 폭력

분노는 복수하고자 하는 욕망을 말한다. 사실 잘못한 자에게 인간적으로 복수하는 것이 바람직한 것은 아니다. 누군가가 분노로 인해 다른 사람에게 폭력을 행사하거나 혹은 이웃을 죽이고자 결심한다면 그것은 분명히 사랑의 계명에 어긋난다.[179] 우리는 일상에서 화를 잘 다스릴 줄 알아야 한다. 이에 대해 프랑스에서 플럼 빌리지Plum Village 명상 센터를 운영하고 있는 베트남 출신의 틱낫한 스님은 자신의 책 『화』에서 현대인에게 이렇게 권고하고 있다. "화는 모든 불행의 근원이다. 화를 안고 사는 것은 독을 품고 사는 것과 마찬가지다. 화는 나와 타인과의 관계를 고통스럽게 하며, 인생의 많은 문을 닫히게 한다. 따라서 화를 다스릴 때 우리는 미움, 시기, 절망과 같은 감정에서 자유로워지며, 타인과의 사이에 얽혀 있는 모든 매듭을 풀고 진정한 행복을 얻을 수 있다." 사실 분노란 어떤 일이 자신이 원하는 대로 이루어지지 않거나 원하지 않은 것이 일어날 때 발생한다. 이러한 분노나 화는 쉽게 폭력으로 이어진다. 오래전에 일어났던 조승희 씨의 버지니아 공대의 총기 난사 사건도 이와 같은 사례다. 한신대학교 정태기 교수는 "어떤 폭력이든 폭력을 행하는 사람이나 집단의 배후에는 마음의 상처가 자리 잡고 있다"고 지적했다. 따라서 충동 범죄의 근본적 예방책은 마음의 상처를 먼저 치유하는 것이다. 마음의 상처는 물론 사회적 환경에 의해 좌우되기도 하지만, 그 치유의 첫 단계는 폭력의 씨앗을 잉태하고 있는 개인이 분노를 잘 관리하는 것이다. 분노는 피할 수 없는 인간의 감정이며 자연스러운 심리 과정이기도 하다. 중요한 것은 분노의 실체와 이유를 자각하고, 그 감정을 긍정적인 방식으로 해소하는 것이다. 사실 분노의 뿌리는 어린 시절부터 형성될 수도 있다. 그러나 그러한 분노의 감정이 적절하게 치유되고 관리되지 않을 경우 엄청난 폭력으로 나타날 수도 있다.

4. 분노 관리

분노나 적대감을 오랫동안 마음에 간직하면 건강을 크게 해칠 수 있다는 연구 결과가 있다. 미국의 캘리포니아 대학교 버클리

캠퍼스의 존 스워츠버그 박사는 분노와 건강의 연관성에 관한 연구 보고서들을 종합 분석한 결과, 분노를 오래 품고 있으면 면역 체계가 약화된다는 사실을 밝혀냈다. 분노는 단순히 건강을 해치는 것으로 끝나는 것이 아니라, 더 큰 죄악들을 가져올 수 있기 때문에 특히 조심해야 한다. 심리학자들은 분노 관리를 위한 개인의 마음가짐에 대해 다음과 같이 조언하고 있다.

첫째, 분노를 느낄 때 원인을 찾아 그 원인을 일으키는 환경을 바꿔야 한다. '대체 무엇이 나를 화나게 하는가?' 이러한 질문을 통해 자신의 상태를 직시하고 점검할 필요가 있다.

둘째, 다른 사람의 관점에서 자신을 돌아보라. 다른 사람의 관점에서 자신을 관찰하라는 충고는 자신을 객관화하라는 것이다. 모든 분노의 출발점은 자신의 감정에 대한 과도한 몰입과 과대평가다. 우리는 다른 사람의 관점에서 생각해 보고, 자신의 감정을 지나치게 확대 해석하지 않도록 주의해야 한다.

셋째, 상대방의 말을 경청하고 그의 행동을 직시해야 한다. 분노가 일어나면 먼저 상대방이 한 말을 떠올려 보아야 한다. 그가 어떤 상태에서 그런 말과 행동을 했는지 이해해야 한다. 상대의 말과 행동에 담겨 있는 진짜 배경을 이해할 수 있다면, 분노는 상당히 경감될 수 있다. 이에 대해 전문가들은 분노를 표출하는 상대방의 눈을 바라보고, 그의 행동이 당신에게 진실로 무엇을 말하려고 하는지 직시해야 한다고 조언한다. 상대방의 말을 경청하는 것 자체가 분노의 폭발을 방지할 수 있다.

넷째, 분노를 느낄 때 당신의 신체가 보여 주는 반응을 자세히 살펴보아야 한다. 불교의 위파사나 수행은 분노를 경감하기 위해서 자신의 육체를 정관靜觀하라고 가르친다. 심장박동 수의 증가, 거칠고 빠른 호흡, 두통, 복통, 근육의 긴장 등을 있는 그대로 관찰하라는 것이다. 그러고는 심호흡과 걷기, 독서와 음악 감상 혹은 명상이나 기도를 통해 심신을 가라앉혀야 한다.

다섯째, 지금 이 순간만 생각하라. 과거의 원한이나 상처를 되새기지 말라는 것이다. 동시에 그 상처가 미래에 어떤 결과를 가져올 것인가에 대해서도 신경 쓰지 말라는 것이다. 현재의 사건에만 주의해 해결책을 찾는 데 집중해야 한다. 과거와 미래에 대한 엉뚱한 환상 속에서 자신을 분노에 노출할 필요는 없다.

5. 분노의 결과

단테는 『신곡』에서, 분노의 악덕에 떨어진 자들이 벌을 받고 있는 지옥의 제5환을 설명하고 있다. 단테는 베르길리우스와 함께 스틱스 강의 늪에 이르러 플레기아스의 쪽배에 올랐다. 죽음의 물결을 가로질러 겨우 기슭에 닿은 그들은 디스의 문으로 향했다. 거기에는 흙탕물 속에서 벌거벗은 채 성난 얼굴을 하고 서로 물어뜯고 싸우며 분노한 불쌍한 영혼들이 있다.[180] 쪽배를 몰았던 플레기아스는 자기 딸 코로니스가 아폴론에게 욕을 당하자 격분하여 그의 신전을 불살랐다. 이 때문에 플레기아스는 죽임을 당하여 지옥에 떨어졌다. 지옥에서 그는 분노한 자들이 있는 제5환과 이교도들이 머무르는 제6환 사이를 오가며 가교 역할을 하고 있었다.

단테는 연옥의 셋째 둘레에서 분노의 악덕에 떨어진 자들을 만난다. 분노한 자들은 칠흑 같은 어둠과 연기에 휩싸여 앞을 전혀 보지 못한 채, '하느님의 어린양'(Agnus Dei)께 평화와 자비를 갈구하는 노래를 부르고 있다.[181] 단테보다 한 세대 먼저 살았던 베네치아의 귀족 롬바르디아의 마르코가 여기 있다. 그는 학식과 경험이 풍부했지만 쉽게 질투하고 분노해 이곳에 떨어졌다. 그는 단테에게 특별히 자기를 위해 기도해 달라고 청했다.[182] 십자가에 못 박혀 표독스런 얼굴을 한 채 죽은 하만도 거기에 있다. 그는 페르시아 왕의 신하로 당시 재상이었다. 모든 사람이 그에게 무릎을 꿇고 절했지만, 유다인이었던 모르도카이만은 그렇게 하지 않았다. 이에 앙심을 품은 하만은 모르도카이와 모든 유다인을 죽이려고 했다. 그러나 에스테르 왕비가 이 계획을 알고 왕에게 밀고했다. 결국 하만은 모르도카이를 죽이려던 바로 그 나무에 자신이 매달려 죽게 되었다(에스 3,1-7,10 참조).[183]

6. 분노 예방

화가 난다고 바로 화를 폭발시키는 것은 매우 위험하다. 화를 참기만 하는 것도 좋은 방법이 아니다. 화를 제대로 표현할 줄 알아야 한다. 심리학자들은 화가 났을 때 애써 태연한 척하지 말고 사람들과 대화를 많이 나누라고 권고한다. 화가 난 상태로 잠자리에 들어서는 안 되며, 자신에게 맞는 운동이나 취미를 꾸준히 하는 것이 좋다. 한편, 용서는 스트레스를 완화시키고 혈압과 심장박동을 안정시키는 효과가 있다. 미국 미시간 주 홀랜드에 있는 호프 대학 연구팀은 다른 사람의 부당한 행동으로 마음의 상처를 받은 대학생 71명을 대상으로 연구했다. 이들에게 마음의 상처를 준 상대방을 용서하지 않고 16초 동안 증오심을 유지하게 했다. 또한 상대방을 용서하는 기분을 16초 동안 지속하게 하면서 심장박동과 혈압의 변화를 측정했다. 그 결과 증오심을 품고 있는 사람은 심장박동 수가 평상시보다 두 배 가까이 증가했으며 혈압도 상당히 상승했다. 반면 용서하는 마음을 품은 사람은 심장박동이 평균 0.5회 정도 떨어지고 혈압도 내려갔다. 또한 미국 듀크 대학교의 레드포드 윌리엄스 박사는 『화가 죽음을 부른다』라는 책에서 "화를 내면 심장으로 가는 동맥의 내막에 작은 흠집들이 생긴다. 시간이 가면서 흠집은 아물지만 밤낮으로 계속 화가 난다면 흠집이 아물 시간이 없어 결국 심장마비로 이어질 수 있다"고 경고했다.[184]

그러므로 화가 났을 때 섣불리 말하거나 행동하면 꼭 실수하게 된다. 그럴 때는 감정을 잘 다스려야 한다. 화가 날 때 자신의 얼굴을 거울에 비춰보는 것도 좋은 방법이다. 성경에는 분노에 더딘 이는 용사보다 더 나은 자로서 매우 슬기로운 사람이지만, 성을 잘 내는 자는 제 미련함만 드러낸다고 지적하고 있다(참조: 잠언 14,29; 16,32). 사람의 분노로는 결코 하느님의 의로움을 실현할 수 없다(야고 1,20 참조). 그러므로 영성생활을 깊게 하고자 하는 이는 먼저 자기 안에 있는 분노의 감정을 잘 다스려야 한다.

7. 사막 교부들의 가르침

교만과 시기에 떨어졌다면 시간이 가면서 점점 분노의 악덕에 휩싸이게 된다. 339년, 테베에서 태어나 열여덟 살에 스케티스의 수도승이 된 요한 콜로부스 압바Abba Ioannes Colobu는 이렇게 말했다. "나는 우리가 모든 덕을 조금씩 다 가지고 있는 것이 좋다고 생각합니다. 그러므로 우리는 날마다 일찍 일어나 모든 덕과 하느님의 모든 계명을 실천해야 합니다. 당신은 영혼의 열정을 가지고 하느님의 사랑 안에서 오랜 고통과 두려움 속에서도 크게 인내해야 합니다. … 특히 다른 이에게서 멸시받을 때는 화를 내지 말고, 평화 중에 있으며 악을 악으로 갚지 마십시오. 다른 이의 잘못에 관심을 두지 말며, 자신이 모든 피조물보다 못한 존재임을 깨달으면서 자기를 다른 이들과 비교하지 마십시오."[185]

아가톤 압바Abba Agathon는 이렇게 말했다. "화를 내는 사람은 비록 그가 죽은 자를 살려낸다고 할지라도 결코 하느님께 받아들여지지 못할 것이다."[186] 스케티스의 암모나스 압바Abba Ammonas는 14년 동안 밤낮으로 하느님께 분노를 극복할 수 있도록 간절히 청했다.[187] 니스테루스 압바Abba Nisterus는 "분노하는 것은 수도자들에게 걸맞지 않다"라고 말하기도 했다.[188] 포이멘 압바는 새 인간과 옛 인간을 구분하면서, "옛 인간의 특성인 분노, 질투, 미움, 형제를 비방함 등을 멀리하라"고 권고했다. 그는 "참된 수도자란 자신의 운명을 불평하지 않고, 악을 악으로 갚지 않으며 결코 화를 내지 않는 자다"라고 말했다.[189] 더욱이 포이멘 압바는 "형제들과 함께 사는 자는 돌기둥처럼 되어야 한다"라고도 했다. 그렇게 살아야만 상처를 입어도 화내지 않고, 칭찬을 받아도 뽐내지 않기 때문이다.[190] 히페레키우스 압바Abba Hyperechius도 화가 났을 때 자신의 혀를 제어하지 못하는 사람은 결코 정욕의 악덕도 제어할 수 없다고 지적했다.[191] 특히 신클레티카 암마는 병과 병든 사람을 구분하면서 이렇게 제시했다. "분노는 좋지 않지만 화를 냈다면 사도 바오로의 권고에 따라 해가 지기 전에 화를 풀어야 한다(에페 4,26 참조). 우리는 삶이 끝날 때까지 계속해서 화를 품어서는 안 된다. 사실 잘못한 자는 그가 아니라 악마이기 때문에 병은 미워하되 병든 사람은 미워해서는 안 된다."[192] 이러한 분노의 악덕은 우리 마음의 평화뿐 아니라, 그리스도의 몸인 공동체의 평화도 깨뜨리고 무너뜨린다.

이와 같이 사막의 교부들은 어떠한 상황에서도 분노나 화를 내지 말 것을 강조했다. 불필요한 감정 노출로 인해 수도자의 마음이 산란해지는 일이 없게 하려는 의도였다. 사막의 전통은 혹시라도 악한 생각이 우리의 마음을 오염시킬 수 있음을 직시하며 일차적인 감정의 차원이 아니라 더 깊은 영적인 차원을 언급했다.

8. 에바그리우스의 가르침

분노의 해악

에바그리우스는 분노를 여덟 가지 악덕 중에서 다섯 번째로 언급하고 있고, 카시아누스는 네 번째로 언급하고 있다. 분노의 악덕은 영성생활에서 하느님과 우리 사이에 걸림돌이 될 수 있다. 누구든지 이러한 악덕에 떨어지면, 올바른 판단력과 분별력 그리고 통찰력을 상실하게 된다.[193] 에바그리우스는 심리적 측면에서 이 악덕을 더 자세히 언급하고 있다. 가장 격한 욕정인 분노는 하루 종일 영혼을 성나게 만들며 특별히 기도하는 동안에 우리의 정신을 빼앗아 간다. 때로 오래 지속되면서 격노로 바뀌어 영혼을 괴롭히기도 한다.[194] 해 질 때까지 분노를 품고 있으면 한밤중에 사탄이 다가와 우리 영혼에 무서운 공포와 환상을 불러일으킬 것이다.[195] 분노는 우리 마음에 증오심을 키우지만, 온유는 증오심을 감소시킨다.[196]

항상 조심하라

기도하는 자 혹은 수행하는 자의 가장 큰 적이 바로 분노다. 분노는 우리 정신을 흩뜨려 순수한 기도를 방해한다. 그러므로 진실로 깊고 순수한 기도를 하고자 한다면 결코 분노에 스스로를 넘겨주어서는 안 된다. 자신의 분노를 잘 감시하고 다스려야 한다. 분노는 우리 정신을 오염시키고, 하느님과의 순수한 기도를 방해하기 때문에 특별히 조심해야 한다.[197] 과거의 상처에 대한 원한을 내면에 품고 있는 사람은 밀짚에 불을 감추고 있는 사람과 같다.[198] 다른 형제로 인해 화가 날 경우, 그를 당신의 집에 맞아들이거나 그를 방문해 그와 함께 빵을 나누어 먹는 것도 화해를 위한 하나의 구체적인 방법이 될 수 있다. 그러한 사람은 기도 때 결코 방해받지 않게 되고 더욱이 그의 영혼은 구원받게 된다.[199] 에바그리우스는 『안티레티코스』에서 분노를 일으키는 여러 상황을 열거하면서 각 상황에 적절한 하느님의 말씀을 깊이 묵상해야 함을 강조했다.[200]

참된 인식

우리 마음 안에 있는 분노는 그것이 아주 미미하다고 할지라도 하느님에 대한 참된 인식을 불가능하게 한다. 하느님에 대한 참된 인식을 얻고자 하는 이는 누구나 이 분노의 악덕을 잘 다스려야 한다. 분노는 사탄의 악한 의도에 직간접적으로 협력하는 것이다. 사탄은 우리의 온유함 때문에 분노하는 것이 방해받게 되면, 즉시 그럴듯한 핑계를 대어 다시 우리를 분노에 떨어지게 한다. 분노란 사탄의 더러운 목적에 부합하는 것이기에, 수행하는 자는 그 이유가 정당하든 그렇지 않든 어떠한 경우에도 분노에 떨어져서는 안 된다.[201] 이런 측면에서 에바그리우스는 화를 잘 내고 격노한 수도자보다 온유한 세속인이 낫다고 강조했다.[202] 기도하는 자는 분노를 거슬러 온유함을 간직하고, 하느님께 대한 참된 인식을 얻기 위해 끊임없이 수행해야 한다.

9. 요한 카시아누스의 가르침

분노의 위험성

수행을 하는 자는 특별히 분노의 악덕에서 자유로워져야 한다. 완덕의 길에 있거나 영적 싸움을 시작하기를 원하는 초심자들은 모든 면에서 분노나 격노의 악덕에서 자유로워져야 한다. 주님의 선택을 받았던 바오로 사도는 "모든 원한과 격분과 분노와 폭언과 중상을 온갖 악의와 함께 내버리십시오!"(에페 4,31)라고 말했다. 또한 그는 분노, 격분, 악의, 중상, 입에서 나오는 수치스러운 말들을 모두 버리라고 권고하고 있다(콜로 3,8 참조). 수행하는 자는 먼저 자신의 눈에서 들보를 빼내야, 다른 형제의 눈 속에 있는 작은 티를 보고 빼내 줄 수 있다(마태 7,3-5 참조). 어떻게 자신의 눈에 격노나 분노와 같은 들보를 두고 있으면서, 형제의 눈에 있는 조그마한 티를 빼내 줄 수 있겠는가?[203] 카시아누스는 형제의 악행에 분노하는 수도자에 대해서 매우 비판적이었다.

분노란 치명적인 독이기에 그 뿌리를 뽑아야 한다. 분노는 마음의 눈을 멀게 하여 올바른 판단을 할 지혜를 잃게 하며, 관상적인 삶을 불가능하게 한다. 그러므로 분노를 지닌 자는 결코 하느님의 정의를 실현할 수 없다.[204] 그러므로 듣기는 빨리하고 말하기와 분노하기는 더디 해야 한다는 야고보서의 말씀을 기억해야 한다(야고 1,19 참조).

카시아누스는 "해가 질 때까지 노여움을 품고 있지 마십시오. 악마에게 틈을 주지 마십시오"(에페 4,26-27)라는 성경 구절을 이렇게 해석했다. 첫째, 우리는 모든 분노가 다른 사람이 아니라 바로 자기 자신의 잘못에 기인한다는 사실을 깨달아야 한다. 둘째, 우리의 악한 생각이 태양과 같은 그리스도의 빛을 사그라뜨리기 전에 먼저 우리 안에 있는 온갖 분노를 물리쳐야 한다.[205]

분노의 세 종류

요한 카시아누스는 『담화집』에서 분노를 세 종류로 구분했다.

첫째, 마음속에서 타오르는 분노다. 이것은 우리의 마음에 평화를 가져오기보다는 끊임없이 불편심을 일으킨다. 그래서 별로 중요하지 않은 사건이나 일 때문에 쉽게 분노의 불길에 휩싸이게 된다. 이러한 때에는 이 성경 말씀을 묵상하는 것이 도움이 된다. "미련한 자는 불쾌함을 바로 드러내지만 영리한 이는 모욕을 덮어 둔다"(잠언 12,16).[206]

둘째, 말과 행동으로 표현되는 분노다. 이것은 분노나 화가 가라앉지 않은 상태로 상대방에게 직접 말과 행동으로 분노를 표출하는 것을 말한다. 심지어 자신의 잘못을 진심으로 지적해 주는 사람에게까지 부드러운 말보다는 분노를 담은 거친 말을 내뱉는 경우다. 이러한 때에는 이 성경 말씀을 묵상하는 것이 도움이 될 것이다. "부드러운 대답은 분노를 가라앉히고 불쾌한 말은 화를 돋운다"(잠언 15,1).[207] 바오로 사도는 이러한 분노와 격분은 그리스도인 삶에 걸맞지 않기에 그것을 버리라고 권고했다(콜로 3,8 참조).

셋째, 오랫동안 마음에 품고 있는 원망이다. 이러한 원망이 오래 지속되면 평화롭게 일상생활을 한다는 것은 불가능하다. 그래서 수행자는 평소에 자기 마음을 잘 다스려야 한다.

잘못된 성경 인용

"주님의 분노가 당신 백성을 거슬러 타오른다"(시편 106,40)라고 성경에 언급되어 있다. 또한 예언자는 "주님 당신의 진노로 저를 벌하지 마소서. 당신의 분노로 저를 징벌하지 마소서"(시편 6,2)

라고 기도하고 있다. 사실 하느님의 분노나 진노는 인간이 하느님의 계명을 거슬러 죄를 지었기 때문이다. 그래서 많은 예언자가 한결같이 죄에서 돌아설 것을 강조했다. 그런데 어떤 사람들은 이러한 성경 구절을 잘못 해석하여, 하느님도 분노하셨다고 하면서 개인적인 분노를 정당화하기도 한다. 그들은 생명의 말씀에서 죽음을 끌어내는 자들과 같다. 그들은 주님께서 치명적인 악덕을 거슬러 인간에게 마지막 기회를 주고 있다는 사실을 전혀 깨닫지 못하고 있다. 더욱이 그들은 무지하게도 육체적인 분노의 악덕을 신적인 순수함의 원천과 혼동하고 있다.[208] 사실 하느님은 분노에 더디시고 너그러우신 분이지만 불의한 자에게는 반드시 분노하시어 그들은 멸망시키신다.

현실을 받아들인 다윗

다윗이 압살롬을 피해 바후림에 이르자, 사울 집안의 친척이었던 게라의 아들 시므이가 나오면서 다윗에게 돌을 던지며 저주를 퍼부었다. "꺼져라, 꺼져 이 살인자야, … 이제 재앙이 너에게 닥쳤구나"(2사무 16,7-8). 그때 츠루야의 아들 아비사이가 그를 죽여 버리겠다고 하면서 매우 분노했다. 그러나 다윗은 그냥 놔두라고 일렀다. 다윗은 자신의 아들인 압살롬도 자기를 죽이려고 드는데, 그가 분노하는 것은 당연하다고 생각한 것이다. 그러면서 그에게 "행여 주님께서 나의 불행을 보시고, 오늘 내리시는 저주를 선으로 갚아 주실지 누가 알겠소?"(2사무 16,12)라고 말했다. 이렇듯 다윗은 상대편의 분노나 저주에 휘둘리지 않고 냉정하게 현실을 인정했으며, 주님께 시선을 돌리고 그분의 자비를 청했다.[209] 이와 같이 우리도 분노의 악덕이 다가올 때, 현실을 그대로 받아들이고 주님의 자비와 은총을 더 간절히 청하는 겸손을 지녀야 한다.

기도생활과 분노

어떠한 형태로든 우리 마음에 분노를 허락해서는 안 된다. 만약 당신이 제물을 바치려다가 어떤 형제가 당신에게 분노와 원한을 품고 있는 것이 생각나거든 제물을 제단 앞에 두고 먼저 그 형제와 화해한 후에 와서 예물을 바쳐야 한다고 성경은 가르치고 있다(마태 5,23-24 참조). 만약 다른 형제가 나로 인해 혹시라도 분노나 불편한 마음을 조금이라도 느낀다면 하느님께 온전히 기도드림에 있어 합당하지 않다. 더욱이 우리 안에 다른 이들에 대한 분노나 격노가 있다면 결코 올바르게 기도할 수 없다. 이처럼 카시아누스는 자기 마음 안에 분노를 몰아내는 것뿐 아니라, 우리로 인해 화가 난 다른 사람에 대해서도 마음에서 분노를 씻어 낼 수 있도록 해야 한다고 강조했다.

바오로 사도는 어떠한 상황에서도 끊임없이 기도하라고 권고하면서(1테살 5,17 참조), 어느 곳에서든지 분노나 불화 없이 거룩한 손을 들어 자주 기도해야 한다고 강조했다(1티모 2,8 참조). 만약 마음 안에 분노의 독을 간직하고 있다면, 우리는 결코 언제 어디서든지 거룩한 손을 들어 기도할 수 없다. 혹시라도 분노를 품은 채 기도한다면, 그것은 자신을 속이는 것이며 또한 성경의 가르침을 거스르는 것임을 잊어서는 안 된다.[210]

제거되어야 할 분노

구약성경은 이러한 분노를 행동으로 드러내는 것은 물론 마음에 품고 있어서도 안 된다고 강조하고 있다. 레위기에서는 다른 형제의 범죄를 마음에 두어서는 안 되고 동시에 마음속으로도 그 형제를 미워해서는 안 된다고 지적하고 있다(레위 19,17-18 참조). 악행을 기억하는 악인의 행로는 결국 죽음에서 자유롭지 못하기 때문이다(잠언 12,28 참조). 그러므로 분노에 대한 행동뿐 아니라 미움과 복수심 때문에 마음으로 범하게 되는 범죄에 대한 생각도 절대로 해서는 안 된다.[211] 형제를 미워하고 화를 내는 자는 심판을 면할 수 없으며, 그는 살인자와도 같다(1요한 3,15 참조). 그러므로 복음의 말씀으로 분노를 일으키는 생각을 근원적으로 차단해야 한다. "행복하여라 마음이 깨끗한 사람들! 그들은 하느님을 볼 것이다"(마태 5,8)라는 말씀에 따라 우리는 분노의 악덕을 행동으로뿐 아니라, 영혼의 깊은 곳에서부터 뿌리째 뽑아 버려야 한다. 만약 이러한 복음의 말씀으로 인해 분노라는 악덕의 뿌리가 잘려 나간다면, 그때 우리 마음은 비로소 고요와 거룩함 안에 머물게 될 것이다.[212]

어떠한 상황에서도 분노하지 마라

분노의 질병을 완전히 치료하기 위한 방법은 먼저 그 상황이 부당하거나 혹은 정당할지라도 결코 화를 내서는 안 된다는 것이다. 비록 다른 형제에게 화가 날지라도 자신의 입을 통제해 거친 말을 삼가고 마음에서도 형제에 대한 원한을 품어서는 안 된다. 성경은 "자기 형제에게 성을 내는 자는 누구나 재판에 넘겨질 것이다. 그리고 자기 형제에게 '바보!'라고 하는 자는 최고의회에 넘겨지고, '멍청이!'라고 하는 자는 불붙는 지옥에 넘겨질 것이다"(마태 5,22)라고 지적한다.

우리 마음이 분노와 같은 어둠 때문에 흐려지면 곧 분별력의 빛과 정신의 순결함을 잃게 된다. 분노의 나쁜 영이 우리 안에 머물러 있는 한, 우리 마음은 결코 성령이 머무르는 성전이 될 수 없다. 더욱이 하느님의 의로움을 실현할 수도 없다(야고 1,20 참조). 이런 측면에서 바오로 사도는 모든 원한과 격분과 분노와 폭언을 온갖 악의와 함께 내버리라고 강하게 권고했다(에페 4,31 참조). 여기서 사도가 '모든'이라고 한 것은, 그것이 정당하든 그렇지 않든, 어떠한 경우에도 분노의 악덕에 떨어져서는 안 됨을 지적한 것이다. 만약 분노와 증오 때문에 영원한 심판이 우리에게 준비되어 있다면, 우리의 모든 금욕적인 수행과 수고는 수포로 돌아갈 것이다.[213]

분노는 사람뿐 아니라 모든 피조물을 그 대상으로 삼아서는 안 된다. 열심한 수행자일지라도 자기가 가진 변변찮은 물건들을 늘어놓고 펜은 너무 굵고, 칼은 무디고, 부싯돌은 불꽃이 튀지 않는다고 불평하면서 분노의 악덕에 떨어질 수 있다. 수행자들은 이러한 분노까지 기꺼이 물리칠 준비가 되어 있어야 한다.[214] 카시아누스는 이집트 사막에 살면서 골풀 줄기가 너무 두껍다고 혹은 너무 얇다고 화를 냈던 일을 고백했다. 이처럼 분노의 대상은 모든 것, 심지어 하찮은 미생물도 될 수 있다.[215]

10. 분노를 극복하는 방법

첫째, 분노의 씨앗이 우리 안에 들어오는 것을 처음부터 허락하지 말고, 아예 뿌리내리지 못하게 해야 한다.[216]

둘째, 어떠한 상황에서도 화나 분노를 표출해서는 안 된다. 기도하는 자에게는 분노나 화가 어울리지 않는다. 그러므로 수행자는 분노가 자기 안에 일어나지 않도록 특별히 조심해야 하며 동시에 자기가 할 수 있는 모든 일을 행해야 한다.[217] 분노의 악덕은 때때로 우리를 떠나가는 것 같지만 주의하지 않고 경계하지 않으면 곧 불치의 질병으로 다시 다가올 수 있다.[218] 그러므로 분노를 거슬러 스스로를 무장한다면, 결코 다른 악덕들에 쉽게 걸려 넘어지지 않을 것이다.[219] 이에 대한 구체적인 방법으로 자신이 언제 죽을지 모른다는 사실을 늘 기억하고 묵상하는 것이 크게 도움이 된다.[220]

셋째, 어떠한 상황에서도 마음의 평화를 유지해야 한다.[221] 우리는 일상 안에서 자신의 감정을 잘 조절하고, 넘치는 에너지를 부정적으로가 아니라 긍정적으로 사용해야 한다.

넷째, 에바그리우스는 분노에 노출되었을 때 더 열심히 시편을 노래하고, 인내와 자선을 베풀어야 한다고 강조했다.[222]

다섯째, 분노가 일이날 때 세 가지 차원에서 침묵을 지킬 필요가 있다. 첫째, 입술의 침묵을 지켜라. 분노의 유혹이 다가올 때마다 자신의 입술을 놀리면 쉽게 분노의 악덕에 노출되고 만다. 둘째, 생각의 침묵을 지켜라. 본인의 생각과는 다르게 상황이 흘러갈 때 부정적인 생각들로 인해 우리 영혼이 혼란스러워지기도 한다. 그러므로 그러한 유혹의 순간에 입술뿐 아니라 생각의 침묵을 지키는 것이 크게 도움이 된다. 마지막으로 마음의 침묵을 지켜라. 어떠한 상황에서도 마음이 동요되지 말고 온전히 고요와 평화 속에 머물라는 것이다.[223]

여섯째, 겸손하라. 분노를 감옥에 가둘 수 있는 최고의 무기는 바로 겸손이며, 겸손은 분노의 악덕을 물리치는 치명적인 덫과 같다.[224] 아무런 무기 없이 거칠고 사나운 맹수를 물리치는 것이 불가능하듯, 마찬가지로 참된 겸손 없이 분노에서 자유로워진다는 것은 불가능하다.[225] 그러므로 우리는 교만이 아니라 먼저 마음의 겸손을 지녀야 한다. 겸손만이 분노의 악덕을 잠재울 수 있다. 남들보다 내가 우월하다는 생각이 아닌 다른 사람들과 동등하다는 생각에서 시작한다면, 우리는 이러한 겸손의 마음을 간직할 수 있다.

일곱째, 분노가 일어날 때 렉시오 디비나 수행으로 잘 극복해야 한다.[226] 특히 에바그리우스는 『안티레티코스』에서 분노를 일으키는 여러 상황 속에서 적절한 하느님의 말씀을 깊이 묵상할 것을 강조했다.

여덟째, 하느님의 자비와 은총를 끊임없이 기도해야 한다. 하느님의 자비와 은총 없이는 분노의 악덕을 완전히 물리친다는 것은 불가능하다.

화가 날 때

화가 날 때는
참지 말고 잊어라.
슬프면 엉엉 울어라.

근심 걱정이 있으면 몸을 움직여라.
우울할 때는 큰 소리로 노래를 불러라.

용서하라.
미워하면 자기 손해다.

- 곽광택 『소중한 사람에게 주는 사랑의 말』 중에서

제5장

슬픔
Tristitia

슬픔, 낙심 혹은 근심은 인간의 외부에서 오는 것이 아니라 대부분 내부에서 일어난다. 그러므로 다른 사람들과 전혀 접촉하지 않았던 은수자들조차 이 슬픔의 악덕의 유혹에서 자유롭지 못했다.[227]

1. 슬픔의 예

성경은 우리들에게 많은 교훈을 주고 있다. 우울증이나 슬픔으로 죽고 싶다는 생각이 들 때 먼저 생각을 바꾸는 것이 중요하다. 토빗기 제3장에는 라구엘의 딸 사라의 이야기가 나온다. 그녀는 이미 일곱 남자에게 시집갔었지만, 신랑들이 사라와 한 몸이 되기도 전에 아스모대오스라는 악귀가 그 남편들을 모두 죽여 버렸다. 깊은 실의와 슬픔에 빠져 있던 사라는 아버지의 여종에게서 모욕의 말을 듣게 되었다. "당신 남편들을 죽이는 자는 바로 당신이에요. … 당신 남편들이 죽었으면 죽었지 우리는 왜 때려요? 남편들이나 따라가시지"(토빗 3,8-9). 여종에게 이 말을 들은 사라는 깊은 슬픔에 가득 차 울면서 아버지 집의 위층 방으로 올라가 목을 매려고 했다. 그런데 갑자기 아버지가 떠올라 생각을 바꾸었다. 만약 자신이 자살하면 늙으신 아버지가 모욕을 받고 급기야 슬퍼하며 죽게 될 것이라는 생각에 이르렀다. 그렇게 그녀는 자살하려는 생각을 멈추었다. 사라는 자기로 인해 다른 사람이 입을 피해를 먼저 걱정했다. 결국 그녀는 스스로 목을 매는 것보다 평생 모욕을 듣지 않도록 죽게 해 달라고 하느님께 간절히 기도하기로 했다(토빗 3,9-10 참조).

2. 슬픔의 원인

슬픔은 상실에서 올 수 있다. 카시아누스는 슬픔의 구체적인 사례들을 설명하고 있다.

첫째, 자제심의 상실이다. 균형 잡힌 마음 상태를 잃는 것이 바로 분노인데, 이것은 곧 평정심을 상실한 것으로 슬픔을 동반한다. 고대 사막의 교부들은 이미 오래전에 분노가 슬픔의 원인이 될 수 있음을 인식했다. 현대 심리학에서는 잠재된 분노나 미움의 억제가 우울증의 원인이 된다고 보고 있다. 여기에는 폭력성이나 파괴성, 죽음이 내포되어 있다.

둘째, 구체적인 것에 대한 상실이다. 마음에 두고 있던 무언가를 가지게 될 기회를 잃거나 어떤 상해를 입어 자존심을 잃는 경우의 상실을 말한다. 이렇듯 무언가를 상실한 데 대한 반응으로 슬픔을 이해하는 것은 슬픔의 감정을 극복하는 첫 단계다. 사막의 수도 교부들은 다른 사람이 범한 잘못이 우리 안에 슬픔이나 우울증을 일으키는 것이 아니라, 그러한 감정을 갖는 우리 자신에게 그 원인이 있다고 보았다. 그러므로 늘 긍정적이고 합리적인 생각을 해야 한다고 지적했다.[228]

셋째, 아무런 이유 없이 마음의 불안이나 비관에서 나오는 슬픔이다. 이것은 많은 현대인을 우울증으로 몰아넣고 있다. 카시아누스는 자신의 원의대로 되지 않았거나 손해를 본 뒤 다가오는 상실의 슬픔과 아무런 이유 없이 마음의 불안이나 비관에서 오는 슬픔을 구분했다.[229]

3. 슬픔의 긍정적인 측면

정신분석학자들은 슬픔이나 우울증에는 부정적인 측면만 있는 것이 아니라 창조적이고 긍정적인 측면도 있다고 주장한다. 예를 들면, 도덕적으로 스스로에게 지나치게 가혹했던 고흐는 죄책감에 시달릴 때마다, 가난한 농부를 그리는 것을 면죄부로 삼았다고 한다. 그의 「감자 먹는 사람들」은 가난한 농부 가족이 희미한 램프 불빛 아래서 거친 손으로 감자를 먹고 있는 모습을 그린 작품이다. 고흐는 죄책감이 심해지면 사람들이 자신을 비난하는 환청에 시달렸고, 자신을 때리며 뒹구는 발작 증상까지 보였다. 그러나 발작이 끝나고 우울증에서 잠시 벗어나면 작품에 대한 무한한 영감과 창조성을 발휘해 십년 동안 무려 2천여 점에 달하는 습작과 그림을 그렸다.

피카소의 경우도 비슷하다. 화가였던 그의 아버지는 비둘기를 그리기 위해서 자주 어린 아들에게 비둘기 사체에서 내장을 꺼내 박제하는 일을 시켰다. 이로 인해 그는 어린 시절부터 악몽에 시달렸다. 그의 작품 「게르니카」에는 사람과 동물의 몸이 우악스럽게 절단된 모습으로 나오는데 이 경험에서 비롯된 것이 아닐까 한다. 그에게는 어린 시절의 악몽과 상처가 오히려 창조적인 작품을 가능하게 했다.

『피터 팬』을 쓴 작가 제임스 메튜 배리 역시 심한 우울증을 앓았다. 그가 일곱 살 되던 해, 둘째 형이 사고로 갑자기 죽자 그의 어머니는 극심한 슬픔에 빠졌고 다른 자식들에게 무관심했다. 배리는 형의 죽음에 대한 충격과 어머니의 사랑에 대한 박탈감을 동시에 느끼며 우울한 청소년기를 보냈다. 성인이 되어서도 죽은 형을 떠나보내지 못하고 늘 우울했다. 이러한 우울한 감정을 극복하는 과정에서 그는 무능한 어른을 물리치는 영원히 자라지 않는 남자 아이를 창조해 냈는데, 바로 '피터 팬'이다.

우리가 잘 아는 『노인과 바다』를 쓴 헤밍웨이도 심한 우울증을 앓았다. 그러나 그 역시 우울증을 앓으면서도 다른 사람들보다 더 깊이 생각하며 뛰어난 글을 쓸 수 있었다. 이렇듯 우리는 부정적 정서인 슬픔이나 우울증과 같은 어려움을 극복하는 과정에서 창조적인 에너지를 발휘할 수도 있다.

4. 합리적인 생각과 비합리적인 생각

슬픔이나 근심 혹은 우울증은 합리적인 생각과 만나야 긍정적으로 발전할 수 있다. 살면서 고통이나 어려움에 직면할 때, 합리적이고 긍정적인 생각을 지닌 사람은 현재의 삶이 비록 힘들고 고통스럽다 하더라도 그것을 쉽게 받아들이고 인정한다. 그러나 부정적이고 비합리적인 생각을 지닌 사람은 고통스러운 상황을 받아들이지 못하고 깊은 절망과 슬픔 그리고 우울증에 깊이 떨어진다. 이것은 현실을 인정하지 않고, 자기 생각이 언제나 옳으며 자기 삶에 실패나 좌절은 용납할 수 없다고 자신하는 사람에게서 자주 나타난다.

한 예로 어떤 사람이 여러 가지 이유로 직장을 그만두고 또 다른 직장을 찾아야 하는 상황이 생겼다. 그런데 자신이 생각했던 것과는 달리 다른 직장을 쉽게 구하지 못할 때, 부정적이고 비합리적인 생각을 지닌 사람은 우울함과 절망감에 사로잡히게 된다. 그러나 합리적이고 긍정적인 생각을 지닌 사람은 비록 자신이 계획했던 삶에 약간의 차질은 있지만, 그것이 바로 인생의 일부임을 인정하고 이러한 일을 통해 새로운 체험을 하고 깨달음을 얻게 되기도 한다.[230]

5. 슬픔과 우울증

슬픔이나 근심은 심리학적 용어로는 우울증이다. 요즘 우울증을 앓고 있는 중년 여성이 많다. 이 우울증을 울증 혹은 울병이라고도 한다. 이것은 임상적으로 가장 흔한 정신장애 중 하나로, 성인 열 명 중 한 명은 일생 동안 한 번 이상 우울증을 경험한다. 우울증의 평균 발병 연령은 사십 대지만, 점점 발병 연령이 낮아지고 있다. 우울증의 대표적인 증상은 괜히 마음이 우울하고 슬프고 불안한 것이다. 또한 무슨 일을 해도 재미가 없고 어디서도 기쁨을 찾을 수 없다. 잠을 자다가도 자주 깨고, 입맛도 없어져 잘 먹지 않는다.

세계보건기구(WHO)에 따르면, 현재 세계적으로 우울증을 앓고 있는 사람은 약 1억 5천만 명에 달한다고 한다. 이로 인한 사회적·경제적 손실은 전체 질병 가운데 네 번째로 높다. 더욱 걱정스러운 것은 2020년이 되면 우울증으로 인한 질병 부담률이 심장병 다음으로 2위에 오를 것이라는 전망이다. 한 조사에 따르면, 주요 선진국의 경우 국민의 10퍼센트 정도가 우울증에 시달리고 있다고 한다. 한국도 주부의 절반이 우울증에 시달리고 있다는 보고가 있다. 여성들의 우울증 발병률이 높은데, 월경, 임신, 출산, 폐경과 같은 호르몬 변화가 잦기 때문이다. 특히 우리나라에서는 여성들의 사회 진출이 제한되어 있고 여성의 인권이 낮다. 여성은 남성보다 경제력이 약하고, 일상에서 반복되는 가사 노동에 지쳐 우울증에 걸릴 확률이 남성보다 두 배나 높다. 사실 공개적으로 우울증을 앓고 있다고 이야기하기에는 아직 사회적 시선이 그리 좋지 않다. 많은 사람이 우울증을 부정적인 정신병의 일종으로 여기고 있어서 우울증을 앓는 사람들은 병을 감추고 참고 넘기려 한다. 문화적 차이가 있겠지만, 인도나 파키스탄에서는 여자들이 심리적인 증상을 말하는 것이 금기시되어 있다. 그래서 그들은 불안하다는 것을 '심장이 가라앉고 있다'라고 말한다든지, 화가 났다는 것을 '내 간이 타고 있다'라고 간접적으로 표현하기도 한다.[231]

이미 고인이 된 한 가수의 노래 중에 이런 가사가 있다. "슬퍼지면 어때요, 울어 버리면 되지요." 그러나 불행하게도 그는 울어 버리지 못하고 우울증으로 자살했다. 아무튼 우울증은 환자의 삶을 초토화시킬 수 있다. 우울증에 걸린 사람의 15~20퍼센트가 자살을 시도하며, 알코올이나 마약에 중독되어 삶을 극단으로 몰고 갈 수도 있다.

6. 성경의 가르침

집회서에서는 하느님을 믿지 않는 자는 어떠한 보호도 받을 수 없으며 쉽게 낙심하고 화를 입게 되리라고 지적하고 있다(집회 2, 13 참조). 슬픔이 지나치면 기운이 떨어지고 그것은 곧 죽음으로 이어질 수도 있다(집회 38,18 참조). 그러므로 우리 마음을 인간적인 슬픔에 쉽게 넘겨주어서는 안 된다. 그러한 슬픔을 넘어 장차 우리가 차지하게 될 하느님의 나라를 생각하는 것이 도움이 될 것이다(집회 38,20 참조). 이러한 현세적 슬픔은 죽음을 가져오지만 하느님의 뜻에 맞는 또 다른 차원의 영적인 슬픔은 우리를 구원에 이르게 한다.

7. 사막 교부들의 가르침

슬픔의 두 차원

사막의 교부들은 슬픔을 두 가지 차원, 즉 자연적인 슬픔과 거룩한 슬픔으로 구분했다. 자연적인 슬픔은 일차적 차원으로 자신이 바라는 것을 얻지 못했을 때 생기는 인간적인 슬픔이다. 이는 절망을 동반한다. 신클레티카 암마는 이것을 부정적 측면의 슬픔이라고 했는데, 이것은 사탄의 비웃음으로 가득 찬 슬픔과 근심이다. 여덟 가지 악덕에서 설명하는 슬픔이나 근심은 바로 이것을 말한다. 거룩한 슬픔은 채워지지 않는 영적이고 초자연적인 갈망을 뜻한다. 하느님의 마음을 아프게 하지 않으려는 갈망, 악에서 해방되려는 갈망, 완전함에 대한 갈망, 하느님 나라에 대한 갈망, 하느님을 뵙고 싶은 갈망이다. 이것은 매우 희망적이고 거룩한 슬픔을 말한다. 신클레티카 암마는 이것을 긍정적인 측면의 슬픔이라고 했다. 이것은 자신의 궁극 목적을 파괴하지 않고 완전한 선에 도달하고자 할 때 거치는 자기 자신과 다른 이들의 나약함에 대한 슬픔과 근심을 말한다. 성 요한 클리마쿠스 역시 이러한 슬픔을 일컬어 '즐거운 슬픔'이라고 했다. 바로 이것이 사막 교부들이 말하는 참된 의미에서의 슬픔이다.

바오로 사도는 "하느님의 뜻에 맞는 슬픔은 회개를 자아내어 구원에 이르게 하므로 후회할 일이 없습니다. 그러나 현세적 슬픔은 죽음을 가져올 뿐입니다"(2코린 7,10)라고 했다. 하느님의 뜻에 맞는 거룩한 슬픔은 기쁨을 동반하며 회개를 통해 영혼의 진보를 이루어 낸다. 사실 회개는 마음의 회한이라는 유익한 슬픔을 동반한다.[232] 이러한 거룩한 슬픔을 체험한 사람은 겸손하고 순종하며 어떠한 환난도 참고 견뎌 낸다. 결국 그들은 성령의 열매를 선물로 얻게 된다. 그러나 인간적인 슬픔은 악한 영의 열매들인 게으름, 조급함, 미움, 분노, 절망 등을 얻게 된다.[233]

거룩한 눈물

거룩한 슬픔은 통회나 눈물을 동반하는데, 이것을 그리스어로 펜토스penthos라고 한다. 이는 하느님께 대한 사랑 때문에, 그분의 마음을 조금이라도 슬프게 하지 않으려는 갈망에서 나오는 슬픔이다. 이 슬픔으로 인해 자신의 죄와 다른 사람의 죄에 대해 눈물을 흘리고 심지어 하느님에게서 멀리 떨어져 있다는 사실 때문에 하염없이 통회의 눈물을 흘리게 된다. 이러한 은총의 눈물은 우리 영성생활에 좋은 열매를 맺게 한다. 첫째는 정화다. 높은 곳에서 오는 거룩한 눈물은 인간의 몸을 정화하고 거룩하게 해 결국 죄를 몰아낸다. 둘째는 기도생활에 도움이 된다. 거룩한 눈물은 악마와의 전투에서 강력한 무기가 되며 동시에 참된 기도를 가능하게 한다. 셋째는 큰 기쁨을 가져온다. 신클레티카 암마는 이러한 거룩한 눈물이 우리를 이 세상에서 행복하게 하고 나아가 다음 세상에서도 행복하게 만든다고 했다.

치료법

많은 수도 교부는 슬픔의 악덕을 거슬러 주님께 기도해야 함을 강조했다. 닐루스 압바Abba Nilus는 기도를 슬픔과 우울함을 거스르는 구체적인 치료법으로 제시했다.[234] 또한 신클레티카 암마는 이러한 슬픔의 악덕을 거슬러 기도할 것을 강조하면서 동시에 시편 낭송으로 이 악덕을 극복해야 함을 강조했다.[235]

8. 에바그리우스의 가르침

슬픔의 원인

근심이나 슬픔은 자신이 갈망하는 것을 얻지 못할 때 온다. 그러므로 수행자가 원하는 것을 얻지 못한 불행한 사건에 집착하면 할수록 그만큼 더 의기소침에 떨어질 수밖에 없다.[236] 이렇듯 자기가 욕구하는 것을 얻지 못할 때 쉽게 근심이나 슬픔의 악덕에 떨어지고, 그때 자연스럽게 분노의 악덕이 다가온다. 에바그리우스는 근심이 분노와 밀접하게 연관되어 있음을 지적하면서, 이것들은 모두 교만에 뒤따라오는 악덕임을 지적했다.[237] 세상 사물에 대한 집착이 우리를 자유롭지 못하게 한다. 그러므로 세속적인 상실의 아픔이나 집착에서 벗어날 때 비로소 우리는 이러한 악덕에서 조금씩 벗어나 자유로워질 수 있다.[238] 근심이나 슬픔은 근본적으로 하느님을 믿고 신뢰하지 않음에서 비롯된다. 하느님에 대한 굳건한 믿음과 사랑 그리고 희망을 간직한 자에게는 결코 슬픔의 악덕이 다가올 수 없다.

치료법

슬픔의 악덕이 다가올 때 우리는 더 열심히 기도해야 한다.[239] 기도 중에 근심의 악령이 덮치지 않도록, 수행자는 자신을 잘

살피고 늘 깨어 있어야 한다.[240] 이 성경 말씀을 더 깊이 묵상하는 것이 크게 도움이 될 것이다. "너희 마음이 산란해지는 일이 없도록 하여라. 하느님을 믿고 또 나를 믿어라"(요한 14,1).[241]

9. 요한 카시아누스의 가르침

두 가지 슬픔

슬픔에는 세상적인 것들에 대한 악마적이고 치명적인 슬픔과 하느님과의 관계에서 오는 거룩한 슬픔이 있다. 전자는 개인적 손해나 자기 생각대로 되지 않았을 때 혹은 아무 이유 없는 마음의 불안이나 비관에서 오는 세상적이고 일차적인 슬픔을 말한다.[242] 이러한 악덕에 떨어진 자는 매우 거칠고 인내하지 못하며 증오로 가득 차 있다. 슬픔은 사람을 깊은 절망 속으로 밀어 넣기 때문에, 거룩한 슬픔에서 우리를 멀어지게 한다. 이러한 세상적인 슬픔은 기도생활에 장애가 되며 여러 나쁜 결과를 초래한다. 첫째, 타인에 대해 인내심을 잃게 해 다른 사람들의 잘못을 보고 쉽게 절망감에 휩싸인다. 둘째, 분별력을 잃게 되어 자신의 잘못에 대한 슬픔에서 멀어지게 한다. 셋째, 기도의 삶에 열정도 사라지고 영성생활에도 치명적인 독이 된다.[243] 이것은 당연히 기도의 효력을 없앨 뿐 아니라 성령의 열매들도 몰아낸다.[244] 그러므로 수행자는 세속적이고 치명적인 모든 슬픔을 반드시 거부해야 한다.[245] 슬픔 혹은 낙담에 떨어진다면 우리는 결코 기쁨으로 기도할 수 없으며, 성경 말씀을 편안하게 읽고 묵상할 수도 없게 된다.[246] 그러므로 매일 꾸준히 영적 수행을 해 나간다면, 이러한 치명적인 악덕들은 차츰 우리 마음에서 물러날 것이다. 그때 우리는 희망을 품고 행복에 대한 관상으로 나아갈 수 있다.[247]

거룩한 슬픔은 자신의 악행이나 잘못에 대한 회개로 이끌고 마침내 구원에 이르게 하는 긍정적인 슬픔을 말한다. 현세적 슬픔과 절망은 죽음으로 이끌지만 하느님의 뜻에 맞는 복된 슬픔은 우리를 구원에 이르게 한다. 그러므로 우리가 죄에 대한 회개, 완덕에 대한 욕구, 미래의 행복에 대해 관상하면서 겪게 되는 슬픔은 우리 영성생활에 유익하고 큰 도움이 된다.[248] 이 슬픔은 성령의 모든 열매를[249] 간직한 채, 순종, 정중함, 겸손, 부드러움, 자비로움, 인내로 이끌고 큰 기쁨의 원천이 된다.

슬픔의 해악

요한 카시아누스는 『제도서』 제9권에서 슬픔의 악덕을 짧게 다루고 있다. 우리가 영적 싸움을 계속하고자 한다면, 조심성 있게 슬픔이라는 질병을 치유해 나가야 한다. 이것은 마치 좀이 옷을 못 쓰게 만들거나 구더기가 조금씩 나무를 썩게 하듯, 낙담이나 슬픔이 우리의 마음을 조금씩 잠식하기 때문이다.[250] 슬픔의 악덕에 떨어진 사람은 다른 사람과의 건전하고 유익한 만남을 회피하고 다른 사람의 선의의 충고도 받아들이지 못한다. 이러한 악덕의 원인이 다른 사람들의 결함에 있는 것이 아니라 나 자신 안에 있음을 직시해야 한다.[251]

기도생활에서 모든 세속적인 근심이나 낙담은 우리를 죽음으로 잘못 인도할 수도 있기 때문에 늘 조심해야 한다.[252] 특별히 구원과 기쁨의 반대 개념인 절망에 대한 슬픔은 우리에게 깊은 어둠과 비참한 결과를 가져온다. 그래서 카인은 동생을 죽인 후에도 전혀 회개하지 않았다. 또한 주님을 팔아넘겼던 유다 역시 절망 때문에 스스로 목숨을 끊었다. 그러므로 이러한 절망적인 슬픔은 우리의 영적 여정에 반드시 극복되어야 한다.[253]

치료법

죽은 자가 걸을 수 없듯이, 깊은 절망과 슬픔에 빠진 사람은 스스로 헤어 나올 수 없다.[254] 카시아누스는 상실의 경험이 비합리적인 사고와 만나면 슬픔과 우울증이 뒤따라온다고 보았다. 그러므로 슬픔에서 탈출하기 위해서는 먼저 자기 안에 있는 비합리적이고 부정적인 생각들을 떨쳐 버려야 한다. 그때 비로소 희망을 보게 된다. 사실 희망은 슬픔에 대한 가장 확실한 처방약이며 해법이다. 희망을 지닌 자는 열악한 상황 속에서도 좌절하지 않고 삶을 받아들이고 헤쳐 나간다.

의미요법(로고테라피, Logotherapie)을 창안했던 빅터 프랭클 박사는 아우슈비츠 유다인 수용소에서 나치에 의해 사랑하는 가족을 모두 잃는 고통을 당했다. 그는 그곳에서 두 부류의 사람을 보았다. 한 무리는 자신들을 이렇게 죽음으로 내모는 하느님은 없다고 단정하며 절망했다. 다른 한 무리는 비록 지금 죽음의 위협을 겪고 있지만, 이러한 절망과 고통을 보고 계시는 하느님께서 반드시 자신을 구원해 주실 거라고 희망했다. 특히 그는 희망을 잃은 사람들을 가리켜 걸어 다니는 송장 같다고 회고했다. 인간이 생물학적으로 살아 있다 하더라도 희망을 잃는다면 죽은 것과 같다는 사실을 그는 일깨워 주었다.

카시아누스가 강조하는 희망은 일시적이고 현세적인 것이 아니라, 영원한 것에 대한 희망이다. 영원한 것에 대한 희망은 슬픔을 쫓아내는 가장 확실한 처방이자, 정신 건강과 영적 건강에 매우 필요하고 중요한 요소다.[255] 끊임없는 묵상과 미래에 대한 희망과 약속된 행복에 대한 관상으로 우리 정신을 철저히 무장해야 한다.[256]

10. 슬픔을 극복하는 방법

첫째, 세상적인 슬픔이나 낙담이 우리에게 다가올 때 애초에 그것을 물리쳐야 한다. 모든 슬픔과 낙담은 우리의 영혼에 치명적이기 때문에 그것은 당연히 거부되어야 한다. 처음에 조금이라도 허락하면 슬픔은 금방 우리 온 마음을 점령해 버릴 것이다.

둘째, 기도와 인내의 덕을 끊임없이 배양해야 한다. 기도하지 않거나 인내하지 않고는 슬픔의 악덕을 물리칠 수 없다. 끊임없는 기도는 슬픔을 물리칠 수 있는 가장 확실한 무기다.[257]

셋째, 완덕을 추구함에 있어, 하느님을 굳게 믿고 신뢰하며 다른 사람과의 참된 친교를 포기해서는 안 된다. 하느님을 절대적으로 믿고 그분께 희망을 두는 것은 우리의 기도생활에서 매우 중요하다. 하느님에 대한 절대적 신뢰가 이루어진다면 우리는 하느님께서 주시는 참된 평화를 맛볼 것이다.[258] 거룩한 사람들과의 영적 친교는 슬픔의 악덕을 물리치는 훌륭한 도구가 될 수 있다.[259]

넷째, 충실히 렉시오 디비나 수행을 해야 한다. 에바그리우스는 『안티레티코스』에서 슬픔을 일으키는 여러 상황을 열거하면서, 각 상황에 적절한 하느님의 말씀을 깊이 묵상할 것을 권고했다.[260]

다섯째, 슬픔의 악덕에 떨어지면 영적 지도자나 전문가의 도움을 받아야 한다. 슬픔의 감정이란 시간이 지나면 사라지고, 또한 적절한 도움을 받으면 극복될 수 있다. 우리가 이러한 악덕을 극복한다면 우리는 참된 자유인이 되어 그토록 바라는 완덕에 한 걸음 더 다가가게 될 것이다.

여섯째, 하느님의 자비와 은총을 간절히 청해야 한다. 연약한 인간이 혼자 힘으로 이러한 악덕을 극복한다는 것은 한계가 있다. 그러므로 슬픔의 악덕을 극복하고자 하는 사람에게는 하느님의 자비와 은총이 절대적으로 필요하다. 그분만이 우리를 슬픔의 악덕에서 진정 자유롭게 하실 수 있다.

제6장

나태

Acedia

나태의 악덕은 게으름으로 인해 범하는 죄를 말한다. 나태의 악덕에 떨어진 사람은 자신의 영적 의무를 충실하게 행하지 않고 무익한 일이나 잡담으로 시간을 보낸다. 나태는 근본적으로 하느님이 주신 사명을 충실히 행하지 않는 것이기에 죄가 된다.

1. 나태의 예

나태의 영의 공격을 받은 안토니우스

『사막 교부들의 금언집』에는 나태의 영의 공격을 받은 안토니우스 압바 이야기가 가장 처음에 나온다. 사막에 살던 어느 날, 그는 나태의 악덕에 휩싸였고 동시에 다른 악한 생각들의 공격도 받았다. 그는 하느님께 간절히 기도했다. "주님, 저는 구원받기를 바랍니다. 그러나 이러한 생각들이 저를 떠나지 않습니다. 어떻게 해야 합니까?" 잠시 후, 그는 자리에서 일어나 동굴 밖에 있는 작은 테라스로 나갔다. 거기서 그는 자기와 닮은 사람이 앉아서 일을 하다가 기도하러 일어나고 또다시 앉아서 일하는 것을 보았다. 한참 동안 그러한 행동을 반복했다. 그는 안토니우스에게 가르침을 주기 위해 하느님께서 보내신 천사였다. 그 천사는 안토니우스에게 말했다. "이렇게 행하시오. 그러면 당신도 구원을 받을 것입니다." 이 말을 들은 안토니우스는 큰 기쁨과 용기를 얻었다. 그리고 천사가 알려 준 대로 행함으로써 나태의 악덕을 극복하고 구원을 받을 수 있었다.[261]

나태의 악덕에 떨어진 요한 카시아누스

요한 카시아누스는 처음에 이집트 사막에서 생활하면서 나태의 악덕에 떨어져, 매사에 열의가 없고 게으른 자신의 모습에 고민에 빠졌다. 그러다 이집트의 파울루스 압바Abba Paulus를 만난 후 비로소 나태의 악덕에서 해방될 수 있었다. 훗날 카시아누스가 이러한 이야기를 모세 압바에게 했더니, 모세 압바는 오히려 그에게 충고했다. "당신은 그 악덕에서 해방되기보다는 그것에 완전히 둘러싸이고 그것의 노예가 되었습니다. 당신이 독방을 떠났기 때문입니다. 당신은 더 심각한 공격을 받을 것입니다."[262] 모세 압바는 나태의 악덕을 극복하기 위해서는 어떠한 이유에서든 결코 독방을 떠나서는 안 된다는 사실을 일깨워 주었다.

독방을 떠나고 싶어 한 수도자
어떤 수도자가 9년 동안 지속적으로 독방을 떠나고자 하는 유혹을 받았다. 그는 매일 외투를 입고 떠날 준비를 하다가도 저녁이 되면 '내일 떠나야지' 하고 말했다. 그리고 다음 날이 되면 '주님을 위해 오늘도 여기 머물러야지' 하다가, 또 시간이 지나면 떠나고 싶은 유혹을 받았다. 그는 이렇게 9년 동안 끊임없이 나태의 유혹을 받았다. 그러나 하느님께서는 그를 지켜 주셨고 그러한 유혹을 그에게서 거두어 주심으로써 마침내 그는 평온을 되찾을 수 있었다.[263]

2. 나태의 원인

여러 악덕은 서로 긴밀히 맞물려 있다. 누군가가 탐식의 악덕에 떨어지면, 그는 곧 간음에 걸려들게 된다. 그러고는 탐욕과 분노, 슬픔으로 떨어지고 마침내 나태의 악덕에 떨어진다. 그러므로 나태의 악덕을 물리치기 위해서는 무엇보다 먼저 그 뿌리이기도 한 탐식의 악덕을 극복해야 한다. 큰 나무가 전염병에 걸리면 그것을 죽이는 가장 쉬운 방법은 나뭇가지를 잘라 내는 것이 아니라, 나무를 지탱하는 뿌리를 잘라 내는 것이다. 마찬가지로 나태의 악덕을 극복하기 위해서는 먼저 그 뿌리를 잘라 내야 한다.[264] 소나무 에이즈라고 불릴 만큼 소나무에게 치명적인 재선충이라는 병이 있다. 일단 재선충에 걸린 소나무는 아무리 큰 나무라도 점점 말라 가다 결국 죽어 버린다. 그러므로 재선충이 다른 나무들에 번지지 않도록 하기 위해서는 그 나무 밑동을 잘라 낼 수밖에 없다. 나태의 경우도 이와 비슷하다.

3. 나태의 증상

영적 나태나 지루함은 영혼을 마비시켜 마음과 정신을 느슨하게 하고, 수행생활에 소홀하게 만든다. 이러한 나태의 악덕에 걸려든 영혼은 기도나 시편을 노래하는 데 게으르게 되고, 손노동이나 순종의 요구에도 무관심해지며 세상적인 것들을 조금씩 받아들여 자신이 발한 서원을 증오하게 된다. 그들은 하느님이 자비롭지 않으며 사람을 사랑하지 않는다고 생각하고 남을 위해 구체적인 봉사를 해야 한다고 생각한다. 그래서 조용히 자기 독방에 앉아 기도하고 수행하기보다 "내가 헐벗었을 때에 입을 것을 주었고, 내가 병들었을 때에 돌보아 주었으며, 내가 감옥에 있을 때에 찾아 주었다"(마태 25,36)라는 성경의 말씀을 떠올리며, 독방을 떠나 도움이 필요한 사람들을 찾아나서려 한다.[265]

특히 나태의 악덕은 주로 정오에 영혼을 공격하는데, 그때 영혼은 두통이나 어지러움을 느낀다. 그러나 식사 시간이 다가오면 즉시 건강을 회복한다. 그러나 기도 시간이 되면 몸은 활기를 잃고 무기력해진다. 그때 기도를 시작하면 나태는 영혼을 졸음에 떨어뜨리거나 하품으로 인해 온전히 집중하여 기도를 봉헌할 수 없게 만든다. 이러한 나태나 지루함은 수행자를 죽음에 이르게 할 수 있기 때문에 특히 주의해야 한다.[266]

4. 나태의 파괴성

정신이 느슨해 마음이 태만해지는 영적 태만 혹은 영적 무기력을 그리스어로 아케디아 *akedia* 라고 한다. 이것은 여러 악덕 가운데 가장 사악하고 파괴적이다. 현대 사회는 여러 악덕에 탐닉하는 것이 행복에 이르는 지름길이라고 사람들을 끊임없이 현혹한다. 그러나 우리는 그것이 거짓임을 잘 알고 있다. 우리는 영적으로 무심하고 무기력한 문화가 기도생활을 오염시키지 못하도록 조심해야 한다. 여덟 악덕 중 나태는 우리 영성생활이나 기도생활에서 가장 위험할 수 있다. 우리가 육체적으로나 영적으로 이 악덕에 떨어지면 나태의 파괴적인 힘에 의해 치명타를 입을 수 있기 때문이다. 그 결과 그리스도인이라는 우리의 신원을 잃게 되고, 결국 세상이라는 거대한 바다 한가운데 표류하게 된다. 그리고 이 악덕에 떨어지면, 우리는 자동적으로 다른 악덕의 노예가 된다. 그러므로 무엇보다 먼저 우리는 육체적 측면뿐 아니라 모든 측면에서 나태의 악덕에서 스스로를 지켜야 한다. 영성생활에서 나태의 악덕을 거슬러 육체적이고 영적으로 늘 깨어 있으면서 경계한다는 것은 매우 중요하다. 나태한 자는 결국 화를 입게 될 것임을 성경은 지적하고 있다(집회 2,12 참조).

5. 나태의 결과

단테는 『신곡』「연옥편」에서 나태의 악덕에 대해서 설명하고 있다. 그는 「연옥편」 제18곡에서 하느님에 대한 사랑에 태만했던 자들에 대해서 묘사하고 있다. 그들은 선을 함에 있어 미지근한 탓으로 저지른 게으름과 해야 할 일들을 미루던 버릇 때문에, 지금 연옥에서 불꽃 같은 열성으로 끊임없이 날뛰면서 죄를 보속하고 있다.[267] 단테는 또한 1187년에 죽은 게라르도 2세로 추정되는 성 제노의 수도원장도 언급하고 있다. 또한 베로나의 군주였던 알베르토 델라 스칼라(1301년 사망)도 여기 연옥에 있다. 그는 몸에 흠이 있는 불구자는 사제직을 수행할 수 없다(레위 21,17-23 참조)는 모세의 율법에도 불구하고, 불륜으로 낳은 서자이자 절름발이며 타락한 주세페를 성 제노의 수도원장에 임명한 인물이다.[268]

6. 성경의 가르침

바오로 사도의 권고

영혼의 의사였던 바오로 사도는 음흉한 나태의 악덕을 거스를 것을 권고하며 테살로니카인들에게 이렇게 말했다. 여러분들은 "조용하게 살도록 힘쓰며 자기 일에 전념하고 자기 손으로 제 일을 하십시오. 그러면 … 아무에게도 신세를 지는 일이 없을 것입니다"(1테살 4,11-12). 이 내용을 좀 더 자세히 살펴보면 이렇게 풀이할 수 있다. 첫째, 조용하게 산다는 것은 단순히 홀로 자기 방에 머무르는 것을 뜻하지 않는다. 그냥 시간을 보내거나 이상한 루머에 마음이 동요해서는 안 된다는 것이다. 둘째, 자기 일에 전념한다는 것은 호기심으로 세상적인 것들에 대해 묻거나 다른 형제들에 대해 험담을 해서는 안 된다는 것이다. 그런 것들보다 완덕이나 영적 성숙에 초점을 맞추어야 한다. 셋째, 자기 손으로 제 일을 하라는 것은 다른 사람에게 무엇을 바라거나 다른 사람의 일에 간섭하지 말고, 자기 손으로 일해서 자급자족해야 한다는 것이다. 바오로 사도는 "일하기 싫어하는 자는 먹지도 말라"(2테살 3,10)고 했다.

사실 나태에서 호기심이 발생하고, 호기심에서 무질서함이 생겨나고, 무질서함에서 온갖 종류의 악이 생겨난다. 그래서 바오로 사도는 나태의 처방으로써 육체노동을 특별히 권고했다.[269] 우리가 손노동에 집중한다면 다른 사람의 일에 대해 관심을 갖거나 동요하지 않게 된다. 자신의 수고와 노력으로 매일의 빵을 얻는 것에 즐거움을 얻지 못하는 사람은 다른 사람의 일과 선물에 관심을 보이고 그것을 그리워하게 된다. 바오로 사도는 이렇게 말했다. "우리는 여러분과 함께 있을 때에 무질서하게 살지 않았고, 아무에게서도 양식을 거저 얻어먹지 않았으며, … 수고와 고생을 하며 밤낮으로 일하였습니다"(2테살 3,7-8). 바오로 사도는 이 말 그대로 실천했다. 사도가 아테네를 떠나 코린토를 방문했을 때, 그는 아퀼라와 프리스킬라의 집에 머물며 천막을 만드는 일을 같이했다(사도 18,1-3 참조). 또한 바오로 사도는 에페소 원로들에게 작별 인사를 하며, "나와 내 일행에게 필요한 것을 이 두 손으로 장만하였다는 사실을 여러분 자신이 잘 알고 있습니다"(사도 20,34)라고 말하기도 했다.[270]

영광의 옷

하느님을 향하고 있는 모든 그리스도인은 그리스도 안에서 풍요롭게 된 사람들이다(1코린 1,5 참조). 그러므로 우리는 주 예수 그리스도를 입어야 하며(로마 13,14 참조), 맑은 정신으로 믿음과 사랑의 갑옷을 입어야 한다(1테살 5,8 참조). 이사야 예언자는 이렇게 말했다. "깨어나라, 깨어나라. … 거룩한 도성 예루살렘아 네 영화의 옷을 입어라"(이사 52,1). 게으른 사람들은 필연적으로 여러 악덕에 사로잡혀, 하느님에 대한 관상과 영적으로 풍요로운 이들에게서 점점 더 멀어지게 된다. 솔로몬은 나태한 사람들은 눈물을 흘리며 누더기 옷을 입게 될 것을 지적했다(잠언 23,21 참조). 게으름에 정복된 자나 게으름의 누더기 옷을 입는 자는 영광의 옷을 입을 자격이 없다는 사실을 결코 잊어서는 안 된다.

잘못된 성경 인용

게으름에 떨어진 자들은 종종 성경 말씀을 인용하면서 자신의 악습을 포장하려 한다. "너희는 썩어 없어질 양식을 얻으려고 힘쓰지 말고, 길이 남아 영원한 생명을 누리게 하는 양식을 얻으려고 힘써라"(요한 6,27). "내 양식은 나를 보내신 분의 뜻을 실천하는 것이다"(요한 4,34). 그러나 이러한 말씀은 결코 나태나 게으름을 인정하고 찬양하기 위한 것이 아니다. 솔로몬은 '게으름뱅이의 길은 가시밭 같고(잠언 15,19), 그의 갈망은 헛될 뿐이다'(잠언 13,4 참조)라고 했다. 여기서 가시밭은 게으름에서 흘러나오는 악과 같은 것이다. 집회서는 "게으름이 온갖 나쁜 짓을 가르친다"(집회 33,29)라고도 했다. 그러므로 우리는 바쁘게 육체를 사용하면서 "묵묵히 일하며"(2테살 3,12), 믿음과 인내로 하느님께서 약속하신 상을 받는 사람들이 되어야 한다(히브 6,12 참조). 또한 다른 사람에게 무엇을 바라거나 요구해서도 안 된다.[271]

7. 사막 교부들의 가르침

독방의 고독

독방은 모든 것을 잃어버릴 수 있는 공간이지만 참된 수행자에게는 선으로 가득 채울 수 있는 은총의 공간이기도 하다. 수행자는 독방에서 육체적·영적 규칙을 준수하며 고요와 평화의 상태를 유지해야 하는데, 바로 이러한 상태를 그리스어로 헤시키아 hésychia라고 한다. 수도승들이 독방을 지킨다는 것은 단순히 육체적 상태만이 아니라 영혼의 상태를 말하는 것이다.272

깨어 있음

성 안토니우스에게 나타났던 천사는 삶에서 매 순간 깨어 있음의 중요성에 대해서 가르쳐 주었다. 깨어 있지 못하면 소명에 불충실하게 되고 그러면 자연히 나태의 악덕이 우리 마음을 점유하게 된다. 그러면 일상의 규칙들을 파괴하게 되고 내적으로 참된 영적 기쁨도 얻지 못하며 결국 우리의 신원을 잃게 된다. 그렇게 되면 독방에서 나가 세상적인 것들을 추구하게 된다. 그러한 사람들은 공동생활이나 영성생활을 더 이상 기쁘게 할 수가 없다.

사막의 위대한 수행자였던 테오도라 암마 Amma Theodora는 이렇게 말했다. "현명한 자는 끊임없는 기도를 실천하기 때문에 평화 중에 살 수 있다. 그러나 당신이 평화로이 살려고 하면 즉시 사탄이 들어와 나태와 나약함 그리고 악한 생각들을 통해 당신 영혼을 유혹할 것이다. 동시에 그것은 질병으로 당신의 육체를 쇠약하게 만드는 방법으로 공격할지도 모른다. 그것은 영혼과 육신의 힘을 소진시켜 이제 스스로는 기도할 수 없다고 생각하게 만든다. 그러나 깨어 있으면 이 모든 시험은 곧 사라진다. 한 예로, 어느 수도자는 기도를 시작할 때마다 열이 나고 한기를 느끼고 두통으로 고생했다. 그는 '나는 병이 들어서 죽을 때가 멀지 않았구나. 그러니 죽기 전에 일어나 기도해야겠다'고 생각하면서 더 열심히 기도했다. 그런데 기도를 마치고 나자 신기하게도 펄펄 끓던 열이 가라앉았다. 이렇게 그 형제는 사탄을 거슬러 더 열심히 기도했으며 결국 나태의 악덕을 정복할 수가 있었다!"[273]

사악한 악덕

영적인 나태인 아케디아는 분명 사탄에게서 오는 것이기에, 우리는 그것을 비웃고 조롱해야 한다고 신클레티카 암마는 지적했다.[274] 포이멘 압바는 나태에 관해 이렇게 말했다. 나태란 누군가가 어떤 것을 시작하려고 하면, 항상 거기에 존재하며 다가온다. 사실 나태의 악덕보다 더 나쁘고 사악한 것은 없다. 그러나 그것이 무엇인지를 정확히 깨달을 수만 있다면, 우리는 곧 참된 평화를 얻게 될 것이다.[275]

적극적으로 대처하라

나태의 공격은 시간이 흐른다고 사라지는 것이 아니기에 그 공격을 결코 피해서는 안 된다. 사막의 교부들은 나태에 더 적극적으로 직면해서 극복해야 한다고 가르쳐 주었다. 어떤 수도자가 사막에서 살면서 나태의 질병으로 고생했다. 그는 파울루스 압바에게 달려가 이러한 어려움을 사실대로 말했다. 그러자 파울루스 압바가 대답했다. "당신은 나태의 악덕에서 자유롭지 못합니다. 만약 당신이 도망자나 탈영병임을 사탄이 알게 되면 사탄은 당신과 싸우려고 더 강하게 달려들 것입니다. 사탄은 나태의 악덕을 통해서 당신 독방을 황폐화시킬 것입니다. 이때 당신이 열정을 다해서 싸우지 않거나 인내로써 승리하는 법을 배우지 못한다면, 당신은 사탄과의 전투에서 패배하여 결국 도망자가 되고 말 것입니다."[276]

언젠가 삶의 올바른 길을 찾기 위해 홀로 고뇌하며 고통스러운 시간을 보내고 있을 때, 우연히 한 선배 수사님이 나에게 이렇게 말씀해 주셨다. "그냥 살면 되지!" 이것은 수도생활에서 매우 위험하다. 왜 사는지, 어떻게 사는지를 모른다면 그 삶은 십중팔구 사탄의 공격을 받고 실패하고 만다. 우리는 실패하기 위해 세상을 떠나 수도원에 온 것이 아니라 성공하기 위해, 즉 하느님의 나라에 들어가기 위해 수도원에 온 것이다. 내 경험에 따르면, 성덕은 결코 수도생활의 연륜이나 나이에 비례하지 않는 것 같다. 만약 성덕이 시간에 비례한다면, 수도원 안에서 짧은 삶을 살았던 성녀 소화 데레사에 대해서는 어떻게 설명할 수 있겠는가?

8. 에바그리우스의 가르침

정오의 악령

에바그리우스는 아케디아, 즉 영적 나태 혹은 영적 무기력을 여덟 가지 악덕 중 여섯 번째로 꼽았다. 아케디아는 수도자들에게뿐 아니라 모든 그리스도인에게 매우 중대하고 치명적인 악덕이다. 에바그리우스는 여덟 가지 악덕 중 나태의 악덕을 치명적인 문제를 일으키는 가장 사악한 것으로 보았다. 이러한 악덕은 주로 오전 열 시부터 오후 두 시까지 햇볕이 가장 강하게 내리쬐는 정오에 수도자들을 집중 공격하기 때문에, 에바그리우스는 이것을 '정오의 악령'[277]이라고 불렀다. 이 악덕은 수도자로 하여금 독방에 항구하게 머물지 못하게 여러 가지 방법으로 공격한다.

나태의 특징

고대의 수도자들은 일반적으로 하루에 한 번, 제9시에 식사를 했는데, 나태의 악덕에 떨어진 수도자는 그 시간을 손꼽아 기다리면서 태양을 자주 주시한다. 누군가가 자기를 찾아오지 않을까 하면서 계속 주위를 두리번거리기도 한다. 그리고 수도자의 은거처와 매일의 단조로운 일상을 거부하게 된다. 나태는 반복되는 일상의 지겨움과 손노동의 지루함을 느끼게 함으로써, 독방에서 도망가라고 재촉하거나 늘어지게 잠을 자라고 재촉한다. 그리고 이러한 방법 외에 다른 대책이 없다고 스스로를 위로하고 설득하기도 한다. 이렇듯 악령은 온갖 합리적인 구실과 수단을 동원하여 수도자가 영적 투쟁의 장소인 자기 독방을 떠나가게 한다.[278] 바로 이러한 것들이 아케디아의 특징이다.

독방의 고독

수도승들은 독서와 묵상, 먹고 자고 일하는 등의 일상의 시간을 주로 독방에서 보냈다. 그들에게 독방은 교도소 안의 죄수들의 독방과도 같았지만, 그리스도를 더 잘 만나는 은총의 장소였다. 그들은 독방에서 고독을 벗어나고자 하는 온갖 유혹과 권태로움에 직면하게 되는데, 이것이 바로 나태의 악덕이었다. 그들은 온갖 합당한 이유를 대며 독방을 떠나 외출하고자 하는 유혹을 받게 된다. 수도 교부들은 모든 악덕 가운데 가장 견디기 힘든 나태의 악덕을 대적하기 위해서는 대단한 용기와 인내가 필요하다고 강조했다. 사막에 항구하게 머물기 위해서는 무엇보다 먼저 독방의 고독 속에 머물며 생활해야 했다. 에바그리우스는 독방의 고독을 떠나라고 유혹하는 나태의 악덕을 거슬러 시편 말씀을 묵상할 것을 권고했다. "이는 길이길이 내 안식처, 내가 이를 원하였으니 나 여기에서 지내리라"(시편 132,14).[279]

나태를 거슬러

에바그리우스는 영성생활에 있어 나태가 가장 치명적인 문제를 일으킬 수 있음을 지적했다. 우리가 이러한 악덕에 떨어지게 되면, 우리 영성생활은 곧 타락하고 동시에 다른 악덕들에 쉽게 공격받게 될 것이다. 그러나 모든 공격자 가운데 가장 집요하며 영혼을 가장 괴롭히는 나태의 악덕이 유혹하더라도, 수행자는 결코 자기 독방을 떠나서는 안 된다. 독방 안에 항구히 머물며, 용기를 가지고 아케디아의 악령을 거슬러 싸워야 한다.

나태의 두 측면

나태에는 육체적 측면과 영적 측면이 있다. 영성생활에서 육체적 나태보다 영적 나태에 떨어지는 것이 더 치명적이다. 에바그리우스도 이를 인정한 바 있다. 그는 나태에 떨어진 사람은 육체적 측면인 육체노동뿐 아니라, 영적 측면인 그의 삶 자체를 미워하게 될 것이라고 지적했다.[280]

아케디아의 치료법

아케디아의 가장 중요한 치료법은 수행자가 독방에서 항구히 머무르는 것이다. 만약 그가 독방을 벗어나게 되면, 그의 정신은 곧 무력해지고 소심해질 수밖에 없다.[281] 그러므로 아케디아의 영이 당신을 거슬러 일어난다면, 당신은 독방을 굳건히 지키고 이 영적 싸움에서 결코 도망가서는 안 된다. 당신이 이 악덕을 극복한다면, 내적 평화와 형언할 수 없는 영적인 참된 기쁨을 맛보게 될 것이다.

죽음이 임박했음을 자주 묵상하고 영원한 심판을 결코 잊지 않는 것도 아케디아의 치료제다.[282] 이집트의 위대한 교부 성 안토니우스는 "나는 날마다 죽음을 마주하고 있습니다"(1코린 15,31)라는 사도의 말씀을 자주 묵상했다. 우리가 매일 죽는 것처럼 산다면, 우리는 결코 죄 짓지 않을 것이다.[283] 어떤 교부는 이렇게 말하기도 했다. "내일 죽을 것처럼 늘 준비되어 있어야 하지만, 마치 오랜 세월 육체와 함께 살아야 하는 것처럼 육체를 사용해야 한다." 실제로 내일 죽는다는 생각은 아케디아를 뿌리

뽑게 하고 수행자를 더욱 열심하게 만든다. 또한 육체의 사용은 육체를 건강하게 지켜 주고 한결같은 고행을 유지시켜 준다.[284]

아케디아의 또 다른 치료제는 하느님 말씀, 특히 시편의 이 말씀을 자주 암송하는 것이다. "사람이란 그 세월 풀과 같아 들의 꽃처럼 피어나지만, 바람이 그를 스치면 이내 사라져 그 있던 자리조차 알아내지 못한다"(시편 103,15-16).[285]

9. 요한 카시아누스의 가르침

나태의 특징

카시아누스는 『제도서』 제10권에서 이러한 나태의 특징에 대해 언급하고 있다. 나태의 악덕이 일단 수도자의 마음에 스며들면 어떻게 정신을 파괴하는지 자세히 설명하고 있다. 수도자가 일단 나태의 악덕에 떨어지면, 독방에서의 삶을 기쁘고 즐겁게 살아갈 수 없다. 그는 걱정스럽게 주위를 둘러보며, 자신을 찾아오는 형제가 없다는 사실에 깊은 한숨을 짓고 하늘의 태양도 너무 늦게 진다고 불평하기 시작한다. 또한 함께 사는 형제들이 전혀 영적이지 않다고 생각하면서 그들을 모욕하고 경멸하기 시작한다. 그는 더 이상 성경을 조용히 읽거나 묵상할 수 없고 영적 수행도 계속할 수가 없다. 결국 그는 독방에 계속 머물러서는 안 된다고 생각한다. 독방은 자신에게 어떤 유익도 줄 수 없다고 생각하기 때문이다. 그래서 그는 자신이 계속 독방에 남을 이유도 없으며, 더욱이 그곳에 계속 남는다면 구원받지 못할 것이라고 단정하면서, 가능한 빨리 자신의 독방을 떠나고자 한다. 이렇게 그의 정신은 나태의 악덕에 오염되어 혼돈으로 채워지며, 영적 활동에 전혀 관심을 갖지 않게 된다. 그러고는 스스로 이러한 나태의 악덕을 치료하기 위해서는 형제들을 자주 방문하거나 잠으로 충분히 위안받아야 한다고 생각한다. 독방에서 아무런 영적 진보도 없이 남아 있는 것보다 다른 사람들을 자주 방문하며 종교적 의무들을 수행하는 것이 더 합당하다고 결론짓는다.[286]

이처럼 익숙한 것들을 경멸하고 포기하고자 하는 욕망이 바로 아케디아의 핵심이다. 실제로 이러한 악덕에 떨어진 사람들은 기도생활이나 영성생활에 아무런 의미를 찾지 못하고, 공동생활에도 아무런 열의 없이 살게 된다. 급기야 수도원 안에서 시간을 낭비하기보다 수도원을 떠나 뭔가 다른 일을 해야 한다고 생각한다. 우리는 이러한 영적 탈진 상태가 바로 악마의 덫임을 직시해야 한다. 이러한 상황은 수도자뿐 아니라 중년의 부부에게도 종종 일어난다. 현대의 정신 분석가들은 이를 중년의 위기라고 부르기도 한다. 여러 해 부부로 살아온 사람들이 이러한 나태의 악덕에 떨어지면, 결혼 생활에 환멸을 느끼고 곧 심각한 위기에 직면하게 된다. 가정을 위한 자신의 봉사에 아무런 의미도 찾지 못하고, 더욱이 상대 배우자를 업신여기고 경멸하기에 이른다. 이러한 악덕에 노출된 사람들은 결혼 생활을 파경으로 몰고 간다.[287]

나태의 이중 공격

카시아누스는 『담화집』 제5권에서 나태의 이중 공격을 설명했다. 첫째, 나태의 악덕에 떨어진 수도자는 무기력해져서 아무것도 못하고 잠만 늘어지게 잔다. 이에 대해 성경은 "문짝이 돌쩌귀에 달려 돌아가듯 게으름뱅이는 잠자리에서만 뒹군다"(잠언 26, 14)라고 했다. "게으르면 깊은 잠에만 빠지고 나태하면 배를 곯는다"(잠언 19,15)라고도 했다.

둘째, 나태의 악덕은 수도자로 하여금 독방을 버리고 도망가라고 자극한다.[288] 나태의 악덕에 떨어지면 하느님께 나아가고자 하는 열정도 사라져 버리기에 육체의 충동에 쉽게 떨어지게 된다. 결국 그는 자기 독방에서 천국을 발견하기보다 독방을 지겨워하면서 떠난다. 그러므로 완덕을 얻고자 열망하는 사람은 마음 깊은 곳에서부터 이러한 질병을 쫓아내고자 부단히 노력해야 한다. 나태의 이중 공격인 잠을 자게 하는 무력감과 정신을 파괴시켜 자기 자리를 떠나게 만드는 공격을 거슬러 수행자는 더욱 치열하게 싸워야 한다.[289]

나태와 손노동

사막의 교부들은 나태의 악덕을 거스르는 방법으로 특별히 손노동을 권고했다. 노동을 하는 수행자는 사탄 한 마리의 공격받지만 노동을 하지 않는 수행자는 사탄 수천 마리의 공격받을 수 있다.[290] 손노동은 게으름에서 오는 많은 상처를 치유해 줄 뿐 아니라 다른 악덕에 의한 질병들을 파괴시킨다. 에바그리우스는 손노동을 포기하게 만드는 나태의 악덕을 거슬러 잠언의 말씀을 묵상할 것을 권고했다. "너 게으름뱅이야. 언제까지 누워만 있으려느냐? 언제나 잠에서 깨어나려느냐? '조금만 더 자자. 조금만 더 눈을 붙이자. 손을 놓고 조금만 더 누워 있자!' 하면 가난이 부랑자처럼, 빈곤이 무장한 군사처럼 너에게 들이닥친다"(잠언 6,9-11).[291]

영적 의사요 자애로운 아버지와 같았던 바오로 사도는 "우리는 주 예수 그리스도의 이름으로 지시하고 권고합니다. 묵묵히 일하여 자기 양식을 벌어먹도록 하십시오"(2테살 3,12)라고 권고했다.[292] 이러한 권고를 무시하고 따르지 않는 자들에 대해서 바오로 사도는 이렇게 말했다. "우리가 이 편지에 적어 보내는 말에 순종하지 않거든, 그를 주목하여 그와 상종하지 마십시오. 그렇게 하여 그가 부끄러운 일을 당하게 하십시오"(2테살 3,14). 바오로 사도는 자신의 권고에 불순종하는 자들과 상종하지 말라고 엄격하게 권고했는데, 그렇게 함으로써 스스로 부끄러움을 느끼게 하려는 의도였다. 그러나 사도는 "그를 원수처럼 여기지는 말고 형제처럼 타이르십시오"(2테살 3,15)라고 덧붙였다. 그런 사람들과 상종해서는 안 되지만, 이러한 것들이 단순히 미움에서가 아니라 형제적 사랑과 그 사람의 잘못에 대한 교정의 관점에서 행해져야 한다는 것이다. 그럼으로써 스스로 부끄럽게 되어 결과적으로 그가 다시 구원의 길로 되돌아오도록 하려는 의도였음을 카시아누스는 지적했다.[293]

이집트 사막의 수도자들은 나태의 악덕을 거슬러 직접 손노동을 통해 인내와 겸손 안에서 영적으로 진보했다. 그들은 손노동을 통해 직접 자신의 생계를 책임져야 했을 뿐 아니라, 찾아오는 손님들과 가난한 사람들 그리고 고통받는 사람들을 돕기도 했다. 그들은 참된 믿음과 신앙 안에서 영적이고 참된 희생을 이러한 방법으로 주님께 봉헌했다.[294]

10. 나태를 극복하는 방법

나태는 영성생활에서 가장 위험한 악덕 가운데 하나다. 나태는 영성생활의 열정이 식었을 때 어김없이 다가온다. 나태의 악덕이 우리를 공격할 때, 그것에 쉽게 무릎을 꿇어서는 안 된다. 다음에 제시하는 방법을 통해 나태의 악덕을 극복해야 한다.

첫째, 처음에 나태의 악덕이 다가올 때 그것을 결코 조금도 허락해서는 안 된다. 그것을 허락하는 순간 우리는 나태의 치명적인 질병에 감염되고 결국 기도생활이나 영성생활을 기쁘게 해 나갈 수 없게 된다.

둘째, 어떠한 경우에도 자기 독방에서 도망가서는 안 된다. 아케디아는 단순히 회피하거나 도망간다고 피할 수 있는 것이 아니다. 그러므로 아케디아를 직면하고 저항함으로써 극복해야 한다. 하느님께 대한 신뢰로 독방에서 항구하게 머물며, 영적 나태와의 치열한 싸움을 통해 극복하는 법을 배워야 한다.[295]

셋째, 일상에서 쉽게 잡담이나 질투에 떨어져서는 안 된다. 다른 사람들에 대한 이야기나 쓸데없는 호기심에 떨어지는 것은 우리의 영적 시간을 허비하는 것이다. 더욱이 질투는 남이 가진 것을 갈망하여 결국 자기가 처한 상황이나, 자기가 가진 것에 만족하지 못하게 만든다는 것을 직시해야 한다.[296]

넷째, 과거의 죄들에 대한 기억에서 자유로워져야 한다. 폭군과도 같은 나태의 악덕은 영혼의 이 부분을 집중 공격한다. 옛 죄에 대한 기억들은 하느님 안에서 치유되고 극복되어야 한다.

다섯째, 인간 실존에 대한 자각과 인생의 짧음에 관해서 자주 묵상해야 한다. 묵상은 아케디아를 몰아내고 하느님 안에 견고하게 뿌리내림을 가능하게 한다. 사실 자신을 위해 슬퍼하거나 애도하는 사람에게는 나태의 악덕이 다가올 수 없다. 그러한 사람은 나태에 의해 포위당하거나 고통당하지 않는다. 그러므로 하느님 앞에 인간 존재가 얼마나 무가치하며 초라한 존재인지 인간의 삶이 결코 영원하지 않음을 자주 묵상해야 한다. 에바그리우스는 『프라티코스』 제12장에서 인생의 짧음에 대서 언급하고 있다. 『안티레티코스』에서는 아케디아를 거슬러 시편 말씀을 묵상하라고 권고했다. "사람이란 그 세월 풀과 같아 들의 꽃처럼 피어나지만, 바람이 그를 스치면 이내 사라져 그 있던 자리조차 알아내지 못한다"(시편 103,15-16).

여섯째, 죽음이 임박했음을 늘 기억하는 것이다. 이집트의 성 안토니우스는 "매일 죽을 것처럼 살면 죄를 짓지 않을 것이다"라고 말했다. 또한 게으른 자가 되지 않기 위하여 "나는 날마다 죽음을 마주하고 있습니다"(1코린 15,31)라는 사도의 말씀을 묵상하는 것도 도움이 될 수 있다. 유럽의 수호성인인 성 베네딕도는 규칙서에서, "매일 죽음이 눈앞에 있음을 명심하라"(『수도 규칙』 4,47)고 제자들에게 권고했다. 실제로 우리가 매일 죽는 것처럼 일상을 맞이한다면, 우리는 죄의 유혹을 조금은 덜 받게 될 것이다. 에바그리우스는 수도자란 다음 날 죽어야 하는 것처럼 늘 그렇게 준비하며 살아야 한다고 말했다.[297] 사실 나태의 악덕을 가장 확실하게 파괴할 수 있는 방법은 죽음에 대한 생각과 끊임없는 기도다.

일곱째, 금욕적인 고행을 유지하는 것이다. 매일 죽음을 준비해야 한다는 것이 지금 현실에서 아무것도 하지 않아도 된다는 것을 의미하지 않는다. 에바그리우스는 금욕적 수행이 우리의 육체를 파괴하는 것이 아니라, 수행생활에서 절대적으로 필요한 것이라고 보았다.

여덟째, 손노동에 충실해야 한다. 나태의 악덕이 우리를 맹렬히 공격할 때, 무기력하게 당하고 있어서만은 안 된다. 더 적극적으로 힘든 손노동을 통해 나태의 악덕을 물리쳐야 한다. 바오로 사도가 이를 직접 모범으로 가르쳐 주었으며, 많은 수도 교부도 손노동을 강조했다. 그러므로 손노동의 중요성을 인지하고 이 전통을 소홀히 해서는 안 된다.

아홉째, 렉시오 디비나 수행을 일상에서 충실히 해야 한다. 베네딕도 성인은 렉시오 디비나 시간에 잡담이나 한담에 빠져

독서에 힘쓰지 않는 자들을 걱정했다. 나태의 악덕으로 인해 렉시오 디비나 수행에 집중하지 못하는 자들은 자기 영혼뿐 아니라 다른 사람의 영혼에도 방해가 된다. 그러므로 성인은 이 중요한 말씀 수행 시간에 형제들이 나태나 게으름으로 인해 시간을 허비하지 않도록, 한두 사람의 장로들로 하여금 수도원을 돌아다니게 했다(『수도 규칙』 48,19 참조). 특별히 에바그리우스는 『안티레티코스』에서 나태의 여러 상황을 열거하면서, 각 상황에 맞게 하느님의 말씀을 깊이 묵상해야 함을 강조했다.[298]

열째, 장차 주님께서 가져다 주실 천상적인 축복에 대한 생각으로 그러한 나태의 악덕을 물리쳐야 한다. 우리는 이 지상적인 축복이 아니라 천상적인 축복을 찾고 있는 순례자들이다. 그러므로 나태의 공격을 받을 때 천상적인 보상을 상기하는 것은 큰 도움된다.[299]

열한째, 하느님의 자비와 은총을 간절히 청하라. 하느님의 자비와 은총 없이는 이러한 영적인 싸움에서 결코 승리할 수 없다. 더욱이 치명적인 독을 품고 다가오는 나태의 악덕을 물리치기 위해서는 하느님의 자비와 은총이 절대적으로 필요하다.

흐르는 강물과 흐르지 않는 강물

편안함!
그것은 경계해야 할 대상입니다.
편안함은 흐르지 않는 강물이기 때문입니다.

불편함!
그것은 흐르는 강물입니다.
흐르는 강물은 수많은 소리와 풍경을
그 속에 담고 있는 추억의 물이며
어딘가를 희망하는 잠들지 않는 물입니다.

– 신영복 『나무야 나무야』 중에서

❖ 묵상_ 우리의 영적 성장은 흐르는 물과 같다. 흐르는 물은 불편함을 기꺼이 감수하며 멈추지 않고 끊임없이 흘러간다. 반면 흐르지 않는 물은 겉으로는 고요하지만 멈추어 있기에 결국 썩어 버린다. 우리의 수행생활도 이와 같다.

제7장

허영심

Vanagloria

라틴어로 허영심은 vanagloria다. 이 단어는 '텅 빈'이라는 뜻인 vanus와 명성이나 영광을 뜻하는 gloria가 합쳐진 것이다. 단어의 뜻 그대로 허영심이란 텅 빈 명성 혹은 헛된 영광인 것이다. 수도 교부들은 이러한 악덕을 경계할 것을 자주 권고했다.

1. 허영심의 예

히즈키야 왕

병이 들어 죽게 된 히즈키야 왕이 주님께 기도하여 낫게 되었다. 그러나 그의 마음은 교만과 허영심에 떨어져 주님께 받은 은혜에 전혀 보답하지 않았다. 그래서 주님의 진노가 유다와 예루살렘에 내렸다. 그제야 그는 뉘우치고 예루살렘 주민들과 함께 자신을 낮추었다. 이로써 그가 살아 있는 동안에는 주님의 진노가 그들에게 내리지 않았다(2역대 32,24-26 참조).

우찌야 왕

우찌야 왕의 경우도 매우 인상적이다. 우찌야는 열여섯 살에 임금이 되어 쉰두 해 동안 예루살렘을 다스렸다. 그는 처음에 하느님을 경외하며 주님의 눈에 드는 옳은 일만 했다. 주님께서는 그런 그를 돌보아 주시고 그가 성공하도록 해 주셨다. 그러자 그의 명성은 널리 퍼져 나갔다. 그러나 강해진 우찌야는 교만과 허영심에 떨어져 주님을 배신하게 되었다. 그는 아론의 사제들만 할 수 있는 분향 제단 위에서 향을 피우려고 주님의 성전으로 들어가기도 했다(2역대 26,3-16 참조). 그때 사제 아자르야와 다른 사제들이 "임금님께서는 하느님을 배신하셨습니다. 그래서 주 하느님께 영광을 받지도 못하실 것입니다"라고 말했다. 그러자 임금이 사제들에게 크게 화를 냈다. 그가 사제들에게 화를 내는 순간 그의 이마에 나병이 생겼고 그는 죽는 날까지 나병을 앓았다(2역대 26,17-21 참조). 그는 이렇듯 헛된 영광 때문에 나병에 걸리게 되었다.[300]

요탐의 비유

판관기에 나오는 요탐은 스켐의 지주들에게 우화를 들어 그들을 일깨우고자 했다.

모든 나무가 올리브 나무에게 "우리의 임금이 되어 주오"라고 청하자, 올리브 나무는 "신들과 사람들을 영광스럽게 하는 이 풍성한 기름을 포기하고 다른 나무들 위로 가서 흔들거리란 말인가?"라고 하면서 거절했다. 그러자 그들은 다시 무화과나무에게 청했다. 그러나 무화과나무도 "이 달콤한 것, 이 맛있는 과일을 포기하고 다른 나무들 위로 가서 흔들거리란 말인가?" 하면서 거절했다. 이번에는 포도나무에게 청했다. 그러나 포도나무 역시 "신들과 사람들을 흥겹게 해 주는 이 포도주를 포기하고 다른 나무들 위로 가서 흔들거리란 말인가?" 하면서 거절했다. 그러자 그들은 이제 가시나무에게 가서 청했다. 그러자 가시나무는 "너희가 진실로 나에게 기름을 부어 나를 너희 임금으로 세우려 한다면 와서 내 그늘 아래에 몸을 피하여라. 그러지 않으면 이 가시나무에서 불이 터져 나가 레바논의 향백나무들을 삼켜 버리리라"라고 했다. 이 비유에서 올리브 나무, 무화과나무, 포도나무는 자기 자리를 지키며 헛된 영광을 추구하지 않았지만, 가시나무는 임금이 될 자격이 없음에도 불구하고, 헛된 영광과 명예를 추구하며 스스로 왕이 되고자 했다(판관 9,7-15 참조). 여기서 가시나무는 요탐의 형제 일흔 명을 죽인 아비멜렉을 상징하는데, 그는 결국 비참한 최후를 맞이한다. 이렇듯 헛된 영광의 결과는 비참한 죽음뿐이다.

유혹받으신 예수님

예수님께서 광야에서 유혹을 받으실 때, 악마는 예수님을 높은 곳으로 데리고 가 세상의 헛된 영광을 보여 주면서 말했다. "당신이 내 앞에 경배하면 모두 당신 차지가 될 것이오"(루카 4,7). 그러자 주님께서는 "주 너의 하느님께 경배하고 그분만을 섬겨라"(루카 4,8) 하고 단호하게 말씀하셨다. 예수님께서 보리빵 다섯 개와 물고기 두 마리로 오천 명을 먹이신 기적을 일으키셨을 때, 그것을 체험한 사람들은 "이분은 정말 세상에 오시기로 되어 있는 그 예언자시다"라고 생각했다. 그래서 그들은 예수님을 자기들의 임금으로 세우려고 했다. 이것을 아신 예수님께서는 혼자서 다시 산으로 물러가셨다(요한 6,1-15 참조). 예수님은 조용히 그곳을 떠나심으로써 허영심의 악덕에서 자유로울 수 있었다.

어느 수도자

어느 날 시리아의 한 수도자가 이집트 사막에 와서 살게 되었다. 그는 이전에 수도원에 있을 때는 닷새 정도 단식을 해도 별

어려움이 없었다. 그러나 사막으로 온 이후에는 제3시(오전 9시)부터 배고픔을 느껴 제9시(오후 3시)에 한 번 식사하는 것이 무척 힘들었다. 마카리우스 압바는 그에게 이렇게 지적했다. "사막에서는 당신을 칭찬으로 먹여 주고 튼튼하게 해 주는 단식의 증인이 없답니다. 그러나 당신이 머물렀던 이전 수도원에선 사람들의 칭찬과 허영심이 당신을 배불리 먹였군요."[301]

2. 허영심의 원인

인간은 원래 하느님 앞에 나약한 존재다. 이것을 인정하고 받아들이면 모든 것이 하느님의 선물임을 직시하게 되고 다른 사람들도 쉽게 받아들이게 된다. 인간이 나약한 존재임을 인정하지 않고 받아들이지 않으면 자신을 과대 포장하게 되고 결국 허영심의 악덕에 노출된다. 현대인들은 삶에서 오는 공허함에서 도피하고자 텅 빈 명성인 허영심을 끊임없이 추구한다. 어찌 보면 여덟 가지 악덕은 사람들이 이러한 공허함을 어떻게 임시방편으로 채우는지를 보여 주고 있다. 예를 들면, 마음 깊은 곳에 자리한 분노는 공허를 몰아내는 데 효과적이다. 분노하는 사람은 다른 사람에게 성을 내느라 정작 자기 자신을 들여다볼 시간이 없다. 또한 영적인 나태는 평온한 상태에서 직시하게 되는 내면의 공허를 거부하는 것이다. 마찬가지로 허영심이란 자기 내면의 공허를 피하고자 하는 가짜 자긍심이기도 하다. 이렇듯 공허함을 피하고자 나쁜 생각들을 받아들이는 사람들은 뒤늦게 그 악마 자체도 텅 비어 있다는 사실을 깨닫게 된다.[302]

3. 허영심의 공격

허영심과 교만은 비슷한 것 같지만 차이가 있다. 교만은 자신을 남들보다 높은 곳에, 궁극적으로 하느님 가까이 드높이며 자기 것이 아닌 지위를 찬탈하는 것이다.[303] 허영심은 항상 다른 사람들에게 칭찬과 칭송을 받고 싶어 하는 것이다. 이러한 허영심은 다른 악덕들과 달리 그것을 물리쳤을 때 오히려 두 배로 커져서 다시 다가온다. 예를 들면, 먹는 것을 자제하면 탐식은 약해지지만 허영심은 저항하면 할수록 더 강하게 다가온다. 때로 이러한 허영심은 덕행의 실천과 함께 다가오기도 한다. 그래서 우리가 정결의 덕을 유지할 때 스스로 '나는 얼마나 대단한 사람인가'라며 자족감에 떨어지게 된다. 혹은 정의를 옹호하는 사람은 스스로 '나는 얼마나 굉장한 사람인가'라고 생각하게 된다.[304]

4. 우상숭배자

허영심이 강한 사람은 헛된 우상을 숭배하는 자와 같다. 그는 하느님을 존경한다고 말하면서 실제로는 하느님이 아니라 자신을 기쁘게 하기 위해 존재한다. 단순히 칭찬이나 허영심을 얻고자 행하는 그의 금욕적인 수행은 보상받지 못하며 그의 기도는 무익하다. 허영심이 강한 금욕주의자는 자신의 육체를 쉽게 지치게 만들고 또한 그에 대한 아무런 보상이 없기에 이중으로 스스로 속게 된다. 주님은 종종 우리에게서 숨으시는데 심지어 우리가 어렵게 얻게 된 완덕의 상태에서 숨으실 수도 있다. 그때 우리를 찬미하는 사람들은 감언이설로 우리를 오도할 수 있다. 그러나 순수하고 고귀한 영을 지닌 사람은 이런 교묘한 사탄의 공격을 견뎌 낸다. 사실 거룩하고 성스러운 사람만이 칭송과 허영심에 걸려 넘어지지 않고 그것을 극복할 수 있다.

5. 허영심의 함정

사람들의 값싼 칭찬에 으쓱대는 것은 허영심의 함정에 빠져드는 것이다. 그러므로 누군가가 당신을 칭찬하고 당신에게 지도

자가 되어 달라고 할 때, 먼저 마음에서부터 그에 대한 집착을 버리고 그것을 무시할 수 있어야 한다. 또한 어떤 사람이 내적 고요를 성취했을 때, 허영심의 악덕이 다가와 그에게 멸망하고 있는 사람들을 구하기 위해 급히 세상으로 돌아가야 한다고 제안할 수도 있다. 또한 허영심은 세상에서 오는 손님의 방문을 기대하게 만들기도 한다. 이러한 허영심은 우리로 하여금 이중적인 삶을 살게 한다. 허영심에 떨어진 자는 몸은 수도원이나 공동체 안에 살고 있지만 마음은 이미 세상 안에 살고 있을 수도 있다.[305] 우리가 진실로 천상적인 것을 추구하고자 한다면, 우리는 늘 천상적인 것들을 향해 눈을 돌려야 하고 스스로 허영심의 함정에 쉽게 떨어져서는 안 된다.

6. 하느님의 영광

모든 피조물은 하느님에 의해서 창조되었으며 하느님만을 위해 존재한다. 이 점에서 토마스 아퀴나스 성인은, 모든 피조물은 마지막 목적으로서 하느님을 대하게 된다고 주장했다(『신학대전』 I 89.44). 그러므로 인간은 교만에서 나오는 헛된 영광이 아니라, 순수하게 하느님의 영광만을 찾아야 한다. 그리스도인들의 영성생활의 궁극 목적은 바로 하느님의 영광에 참여하는 것이다. 바오로 사도는 "여러분은 먹든지 마시든지 그리고 무슨 일을 하든지 모든 것을 하느님의 영광을 위하여 하십시오"(1코린 10,31)라고 권고했다. 또한 그는 복음을 전하는 것이 인간의 비위를 맞추려는 것이 아니라, 바로 하느님을 기쁘게 해 드리려는 것임을 지적했다(1테살 2,4 참조). 우리가 겸손하게 일상에서 하느님의 영광을 찾을 때, 우리는 허영심의 악덕을 거슬러 그분께 더욱 가까이 나아가게 된다. 반면에 우리가 세상적인 헛된 영광을 찾게 된다면, 우리는 하느님에게서 더욱 멀어질 것이다.

7. 참된 행복의 추구

사실 공허함이나 허영심에 대한 근원적인 해법은 예수님께서 말씀하신 산상 설교의 여덟 가지 행복이다. 마음이 가난한 사람과 슬퍼하는 사람 그리고 온유한 사람에게는 허영심의 악덕이 자리할 수 없다. 이들은 모두 자신이 처한 상황에서 더욱 자기 안에 하느님을 인정하고 받아들이는 사람이다. 그들은 겉으로 보기에 무언가를 상실한 것처럼 보이지만 이러한 부재를 통해 하느님의 나라가 더 뚜렷이 그들 안에서 드러나게 된다. 허영심의 악덕에 떨어진 사람은 자기 에너지와 열기로 움직이고 자기 것으로 가득 차 있기 때문에, 다른 사람들의 도움이나 하느님의 능력을 받아들일 여지가 없다.[306] 그러한 상태로는 참된 행복을 향해 조금도 나아갈 수 없다.

8. 참된 자아에 대한 자각

텅 빈 명성에 대한 해독제는 바로 자기 자신을 제대로 알고 솔직해지는 것이다. 자신에 대한 참된 실존을 깨달은 사람은 결코 자기 자신을 위해 다른 사람들에게 특별 대우를 요구하지 않으며 또한 자신과 타인의 진정한 가치를 모두 인정하고 받아들인다. 그러므로 허영심의 반대는 바로 자기 자신에 대한 진정한 자각과 진솔함임을 기억해야 한다.

성모 마리아는 허영심의 악덕을 물리친 훌륭한 모범이다. 특히 마리아의 노래인 「마니피캇」magnificat은 그녀의 이러한 자각과 진솔함을 잘 묘사하고 있다. 마리아는 결코 자신을 칭송하지 않았으며 하느님의 놀라운 업적에 대해서만 찬미했다(루카 1,46-55 참조). 그러므로 마리아가 그랬던 것처럼 자기 자신에 대한 깊은 깨달음은 허영심의 악덕을 극복할 수 있도록 우리를 도와준다.

세례자 요한 역시 허영심의 악덕을 극복한 훌륭한 모범이다. 그는 광야에서 하느님의 말씀을 받은 후 요르단 부근의 여러 곳을 다니면서 죄의 용서를 위한 회개의 세례를 선포했다. 이로 인해 사람들은 세례자 요한을 장차 이스라엘을 구원할 메시아로 생각했다. 그러나 그는 자신이 결코 메시아가 아님을 분명히 밝히면서, 장차 오실 분은 자기보다 더 큰 능력을 지니고 오셔서, 성령과 불로 세례를 주실 것이라고 고백했다. 그 당시 많은 사람의 추종을 받던 세례자 요한은 허영심의 악덕에 넘어가 주님의 자리를 넘볼 수도 있었지만, 그는 결코 그렇게 하지 않았다. 오히려 자신은 그분의 신발 끈을 풀어 드릴 자격조차 없다고 겸손하게 고백했다(마태 3,11 참조). 이렇듯 자신에 대한 깊은 자각과 진솔함이 있을 때, 우리는 헛된 영광의 덫에 걸려 넘어지지 않고 그것을 극복해 나갈 수 있다.

9. 사막 교부들의 가르침

사막 교부들은 허영심에 대한 지혜로운 답을 제시하고 있다. 『사막 교부들의 금언집』에는 허영심의 악덕에 관한 일화가 많이 나온다. 어떤 수도자가 마을 변두리에 살면서 여러 해 동안 마을로 돌아가지 않았다. 이것에 대해 그는 스스로 자랑스러워하며 다른 형제들에게 말했다. "여러분은 종종 마을로 가곤 하지만 나는 여러 해 동안 마을에 가지 않았습니다." 이 말을 들은 포이멘 압바는 그에게 충고했다. "나는 오히려 밤에 마을로 되돌아가서 마을 주위를 걷곤 합니다. 그럼으로써 마을에 오랫동안 되돌아가지 않았다는 수행에 대한 허영심에 떨어지지 않았습니다."[307] 또한 니트리아의 초기 수도승 중 한 분이었던 오르 압바는 다른 형제를 거슬러 "나는 저 형제보다 진실하고 엄격한 삶을 산다"라고 말해서는 절대 안 된다고 경고했다. 자신을 그리스도의 은총에 복종시키고, 가난의 정신과 순수한 사랑 안에 머물라고 권고했다. 그렇지 않으면 허영심에 정복당하고, 지금까지 획득한 모든 것을 곧 잃게 된다고 지적했다.[308]

위대한 니스테루스 압바의 이야기도 전해 오고 있다. 어느 날 그는 한 형제와 함께 사막을 걸어가고 있었다. 그런데 갑자기 그들 앞에 용이 나타나자 그들은 무서워 도망쳤다. 나중에 그 형제는 니스테루스 압바에게 "당신도 그때 무서웠습니까?"라고 물었다. 그러자 그는 "무섭지는 않았지만 괜한 허영심을 일으키는 것보다는 도망치는 것이 낫다고 생각했다"라고 고백했다.[309] 포이멘 압바는 수도자가 두 가지를 극복할 수 있다면, 세상에서 자유롭게 될 것이라고 말했다. 그러자 이 말을 들은 다른 형제가 그것이 무엇이냐고 물었다. 그러자 교부는 바로 육체적 안락과 허영심이라고 대답했다.[310] 어떤 수도자는 자기 독방에서 허영심의 악덕에 떨어져, 자기가 성직자가 된 것을 상상하며 예비 신자들을 해산하는 말을 하곤 했다. 어느 날 이것을 들은 다른 원로가 그 수도자의 방문을 두드렸다. 그러자 그는 무척 당황해하며 즉시 엎드려 허영심의 망상에서 해방될 수 있도록 원로에게 기도를 청했다고 한다.[311]

10. 에바그리우스의 가르침

교묘함

헛된 영광이란 인간적인 영광으로서 우리 안에 참된 신앙을 몰아내고 덕들의 광채를 감소시키고 사라지게 만드는 놀라운 능력을 지니고 있다.[312] 그러므로 우리는 오직 한 분이신 하느님에게서 오는 참된 영광만을 찾아야 한다. 이러한 허영심은 여러 형태로 우리의 모든 행동에서 드러날 수 있으므로, 모든 악덕 가운데서 가장 감지하기 어려운 악덕이기도 하다. 여덟 가지 악덕 중에서 탐식, 간음, 탐욕은 인간의 몸에서 활동하고, 분노, 슬픔, 나태는 인간의 마음과 정신에서 활동한다. 그러나 허영심과 교만은 영적 차원에서 교묘하게 여러 형태로 활동하기 때문에 쉽게 알아챌 수가 없다. 덕이 넘치는 곳에는 항상 이러한 허영심이 도사리고 있음을 직시해야 한다. 허영심은 자신의 능력에 대해 매우 만족해하며 쉽게 자화자찬에 떨어지게 한다.

교만과 허영심

우리는 교만한 마음을 지녀서는 안 되고 하느님 앞에서 '나는 강하다'라고 말해서도 안 된다. 만약 우리가 그렇게 헛된 영광에 떨어진다면, 주님께서는 그러한 영혼을 저버리실 것이고 그러면 곧 사탄은 그의 영혼을 황폐화시킬 것이다. 그러므로 우리는 어떠한 상황에도 교만해서는 안 되고 헛된 영광을 멀리해야 한다.[313] 바오로 사도 역시 필리피 신자들에게 권고했다. "무슨 일이든 이기심이나 허영심으로 하지 마십시오. 오히려 겸손한 마음으로 서로 남을 자기보다 낫게 여기십시오"(필리 2,3).

덕행의 함정

헛된 영광은 덕행에 나아간 사람들에게도 숨어 있을 수 있다. 덕스러운 사람은 자신의 투쟁을 공적으로 드러내기를 바라며 사람들에게서 오는 영광을 추구하고자 하는 위험이 있을 수 있다.[314] 그래서 자기로 인해 치유된 여성들이나 자신의 겉옷을 만지는 군중과 울부짖으며 물러가는 악령을 상상하기도 한다. 그가 이와 같은 헛된 영광과 헛된 희망에 사로잡힐 때, 사탄은 그러한 사람을 교만이나 근심 혹은 간음과 같은 또 다른 악덕으로 인도한다는 사실을 직시해야 한다.[315]

치료법

우리는 살면서 헛된 영광에 대한 생각을 완전히 피할 수 없다. 수행자가 그것을 물리치려고 하면 그것은 또 다른 헛된 영광의 근원이 될 수 있기 때문이다.[316] 이러한 헛된 영광에 대한 치료제는 무엇보다 먼저 하느님께 대한 참된 인식을 갖는 것이다. 우리가 주님께 대한 참된 인식에 이르지 못한다면, 우리는 결코 세상적인 헛된 영광을 물리칠 수 없다. 하느님에 대한 참된 인식을 얻고 거기서 참된 기쁨을 얻는 사람은 더 이상 세상의 온갖 쾌락이 제시하는 헛된 영광의 꾐에 떨어지지 않는다. 그러므로 주님께 대한 참된 인식을 얻기 위해서는 먼저 모든 노력을 다해 열심히 수행생활에 전념해야 한다.[317] 영적 관상의 달콤함만이 헛된 영광을 물리칠 수 있다. 에바그리우스는 헛된 영광을 거슬러 이 말씀을 묵상할 것을 권고했다. "여러분은 세상도 또 세상 안에 있는 것들도 사랑하지 마십시오. 누가 세상을 사랑하면, 그 사람 안에는 아버지 사랑이 없습니다"(1요한 2,15).[318]

11. 요한 카시아누스의 가르침

허영심과 교만

카시아누스는 허영심과 교만의 악덕이 앞에 언급된 여섯 가지 다른 악덕과 연결되어 있지 않다고 보았다. 그러나 허영심과 교만은 서로 긴밀히 연결되어 있으며, 허영심은 교만을 일으키는 불씨이기도 하다. 비록 우리가 앞의 여섯 가지 악덕을 거슬러 승리했을지라도, 이 두 악덕은 더 강하게 다가와 우리를 넘어지게 할 위험이 있다.[319] 우리는 육체적인 자극이나 충동 없이 단지 생각만으로도 이러한 허영심과 교만의 악덕에 걸려들어 영원히 멸망할 수 있음을 직시해야 한다.[320]

차선책

초심자는 더 집요한 간음의 악덕에 떨어지기보다, 차라리 차선책으로 허영심의 악덕에 떨어지는 것이 나을 수도 있다. 간음에 한 번 떨어지면 헤어 나오는 것은 거의 불가능하기 때문이다. 그러므로 간음의 악덕에 유혹을 받을 때 오히려 사제직의 품위를 생각하거나 다른 사람들이 자기에 대한 평판을 기억하는 것이 어떤 면에서는 도움이 될 수도 있다. 다시 말하면 작은 죄악으로 더 큰 죄악을 물리치는 것이다.[321]

허영심의 두 종류

카시아누스는 허영심을 크게 두 종류로 구분했다. 첫째는 육체적이고 가시적인 일들에 대해서 자랑하는 것이다. 둘째는 영적이고 신비로운 일들에 대해 칭찬받고자 하는 욕망으로 불타는 것이다.[322] 첫째의 경우는 일차적인 차원으로, 남에게 인정받고 자신을 드러내고자 하는 욕구를 말한다. 그러나 둘째의 경우는 영적 탐욕과 같은 것으로, 일차적인 것보다 훨씬 더 교묘하고 영악하다. 우리는 기도생활에서 이러한 허영심의 악덕을 조심하고 늘 깨어 있어야 한다.

집요한 공격

다른 악덕들은 단순한 반면에 허영심은 매우 다양하고 여러 형태로 공격한다. 허영심은 기도하는 자의 육체적 측면뿐 아니라 영적 측면을 집요하게 공격한다.[323] 허영심의 악덕이 화려한 옷으로 우리를 유혹하는 데 실패하면 곧 초라한 옷으로 다시 유혹한다. 헛된 명예로 아첨하는 데 실패하면 불명예스러운 일로 유혹하여 우리를 더욱 우쭐대게 만든다. 훌륭한 말로 자랑하는 데 실패하면 침묵을 지킴으로써 고요와 평정을 얻게 되었다고 스스로 생각하게 만든다. 좋은 음식으로 유혹하는 데 실패하면 사람들에게 칭찬받기 위해 금식을 하도록 우리를 유혹한다. 이렇듯 모든 일과 행동에서 다양한 방법으로 허영심의 악덕이 우리를 유혹한다는 사실을 잊어서는 안 된다.[324]

치료법

사막 교부들의 전통에서는, 수도자는 항상 모든 수단을 동원하여 여자와 주교에게서 도망가야 함을 강조했다. 그들은 수도자로 하여금 독방의 고요함에 머물도록 허락하지 않으며 동시에 순수한 마음으로 영적인 것을 추구하지 못하도록 방해하기 때문이다.[325] 카시아누스는 허영심의 악덕을 거슬러 모든 노력을 해야 하며 동시에 합당한 치료제를 사용하여 그것을 극복해야 한다고 강조했다. 허영심이 다양한 사탄의 모습으로 공격할 때 우리는 "겁낼 것이 없던 그곳에서 그들은 겁에 질려 소스라치리니 너를 포위한 자들의 뼈를 하느님께서 흩으시겠기 때문이다. 네가 그들에게 창피를 주리니 하느님께서 그들을 물리치시겠기 때문이다"(시편 53,6)라는 시편 말씀을 묵상함으로써 그것을 극복할 수도 있다. 또한 허영심으로 얻게 되는 모든 열매는 곧 사라진다는 사실과 우리가 하느님에게 모욕을 준 만큼 후에 영원한 벌로 고통받게 될 것이라는 사실을 깨닫는다면, 우리는 쉽게 허영심의 악덕에서 도망갈 수 있을 것이다.[326]

12. 허영심을 극복하는 방법

첫째, 우리는 처음부터 헛된 영광에 대한 어떤 것도 허락해서는 안 된다. 카시아누스는 초심자나 약간 진보한 자들이 이러한 허영심의 덫에 쉽게 걸려 넘어질 수도 있음을 지적했다. 그러나 하느님과의 합일을 이루고자 하는 사람은 누구든지 이러한 악덕이 우리 안에 똬리를 틀도록 처음부터 허락해서는 안 된다.

둘째, 허영심의 악덕을 거슬러 늘 경계하고 조심해야 한다. 허영심의 악덕이 우리 안에 스며들지 못하도록, 우리 수고의 열매가 헛되지 않게 늘 조심해야 한다. 인간은 무덤에 들어가는 그날까지 허영심의 악덕에 떨어질 위험이 있다. 이러한 허영심의 악덕이 다가올 때, 너무도 쉽게 허영심에게 자리를 내주어서는 안 된다. 일상에서 우리는 허영심의 악덕이 우리를 공격하지 못하도록 분별력을 지니고 주의해야 한다.[327] 자신의 소명을 너무 지나치게 강조하다 보면, 작은 성공에 우쭐해지고 그로 인해 타락할 수도 있다. 이러한 헛된 영광이 다른 악덕들과 함께 추방될지라도, 그것은 또다시 우리들에게 다가와 우리를 넘어뜨리려고 한다는 사실을 잊어서는 안 된다.[328]

셋째, 허영심으로 이끄는 모든 것을 피해야 한다. 카시아누스는 특별히 수도자들은 여자와 주교를 피해야 한다고 강조했다.

여자는 간음의 악덕에 우리를 떨어뜨릴 수 있고, 주교직은 우리를 헛된 영광에 떨어뜨릴 수 있기에 이러한 주의를 주었던 것 같다. 이러한 이유 때문에, 성 파코미우스나 여러 수도 교부들은 자신을 사제직에 축성하려는 주교를 피해 달아나거나 몰래 숨기도 했다. 허영심이 아직도 우리 마음과 생각 안에 있다면, 허영심으로 인도하는 모든 행위를 철저히 점검해 보아야 한다. 이러한 점검을 통해 삶의 자리를 다시 한 번 확인할 수 있고, 허영심의 덫에서 벗어나 주님께 자유롭게 나아갈 수 있다.

넷째, 고요함 속에 머물러라. 침묵과 고독은 바로 허영심의 적이다.[329] 그러므로 우리는 자주 침묵과 고독 속에서 주님을 묵상하며 온갖 치욕을 기쁘게 받아들일 준비를 해야 한다. 주님은 종종 치욕을 통해 허영심에 떨어진 자들을 겸손하게 만드신다.

다섯째, 하느님의 영원한 심판을 기억해야 한다. 인간은 모두 죽는다는 사실을 기억해야 한다. 인간은 무한한 존재가 아니라 유한한 존재라는 사실과 하느님의 심판을 기억한다면 겸손해질 수밖에 없다. 허영심의 열매는 결코 영원할 수가 없으며 거기에 떨어진 영혼은 그에 상응하는 벌과 고통을 받게 될 것을 기억해야 한다.

여섯째, 늘 천상의 참된 지혜를 추구해야 한다. 허영심의 악덕은 관상적인 지혜 안에서는 더 이상 아무것도 할 수 없기 때문이다.330 사실 우리가 행하는 모든 것이 헛된 영광의 새로운 근원이 되기 때문에 그것을 완전히 피한다는 것은 불가능하다.331 그러나 이 세상의 헛된 영광보다 더 가치 있는 것은 하느님께 대한 참된 인식과 영적인 관상이다. 우리는 하느님에 대한 참된 인식을 얻기 위해 열심히 노력하고 있다는 것을 하느님께 드러내 보여야 한다.332 바오로 사도는 "나의 주 그리스도 예수님을 아는 지식의 지고한 가치 때문에, 다른 모든 것을 해로운 것으로 여깁니다"(필리 3,8)라고 고백했다. 사실 영적 인식이나 지식을 소유한 사람은 결코 지상적인 헛된 영광의 환상에 떨어지지 않는다.333

일곱째, 자신이 하느님 앞에 아무것도 아니라는 깊은 깨달음과 겸손을 지녀야 한다. 사실 이것은 가장 심오한 아파테이아의 증거다.334 우리 모두는 하느님 앞에 홀로 서 있는 죄인임을 직시하고 복된 두려움을 지닌다면, 그것은 바로 파렴치한 허영심에 덫을 놓는 것과 같다. 그러므로 다른 사람들에 의해 우리가 높아지기 시작할 때, 우리는 죄인임을 기억해야 한다. 그때 그 헛된 명성 안에서, 우리 자신이 아무런 가치가 없다는 사실을 발견하게 될 것이다. 사람들에게서 공경을 받게 된다면 인간적인 부끄러움 안에 숨을 필요가 있다. 그렇게 하지 않으면 허영심은 우리를 끝없는 나락으로 떨어뜨릴 것이다. 이러한 부끄러

움에 대한 자각이 우리를 허영심의 악덕에서 지켜 준다.[335]

여덟째, 일상 안에서 렉시오 디비나 수행을 충실히 해야 한다. 카시아누스는 허영심의 치료제로써 다윗의 말씀을 제시했다. 그러나 우리는 끊임없이 하느님의 말씀을 읽고 묵상하는 말씀 수행을 통해 하느님의 말씀 전체를 치료제로 삼아야 한다. 특히 에바그리우스는 『안티레티코스』에서 허영심의 여러 상황을 열거하면서 각 상황에 맞는 하느님의 말씀을 깊이 묵상해야 함을 강조했다.[336]

아홉째, 하느님의 자비와 은총을 간절히 청해야 한다. 허영심이 강한 이들이 특별 대우를 바라는 것은 자신의 공허함을 감추기 위해서다. 이와 반대로 하느님의 특별 대우는 스스로를 특별하다고 생각하지 않는 이들에게 주어지는 하느님의 선물이다. 수도승 전통은 하느님의 은총이야말로 악한 생각들을 거스른 영적 싸움에서 필요한 가장 본질적인 요소로 보았다.

제8장

교만

Superbia

교만은 허영심이 멈춘 곳에서 시작되는데, 자기만족과 자기 성취에 대한 과시와 함께 다가온다. 교만은 하느님의 존재를 부정하며 다른 사람을 경멸하게 하기 때문에 교만에 떨어진 자는 주님의 벗이 될 수 없다. 교만은 금방 허무하게 끝나고 만다.[337]

1. 교만의 예

바벨탑

바벨탑을 쌓던 교만한 자들이 말했다. "자, 성읍을 세우고 꼭대기가 하늘까지 닿는 탑을 세워 이름을 날리자. 그렇게 해서 우리가 온 땅으로 흩어지지 않게 하자"(창세 11,4). 이러한 인간의 교만은 성공할 수 없었다. 이사야 예언자 역시 인간의 교만을 이렇게 표현했다. "나는 하늘로 오르리라. … 나는 구름 꼭대기로 올라가서 지극히 높으신 분과 같아져야지"(이사 14,13-14). 결국 주님께서는 인간의 교만한 마음을 보시고 그들을 거기서 온 땅으로 흩어 버리셨다.

티로의 군주

에제키엘 예언자는 마음이 교만했던 티로의 군주에게 하느님의 말씀을 전했다. "주 하느님이 이렇게 말한다. 너는 마음이 교만하여 '나는 신이다. 나는 신의 자리에, 바다 한가운데에 앉아 있다' 하고 말한다. 너는 신이 아니라 사람이면서도 네 마음을 신의 마음에 비긴다"(에제 28,2).

대천사 루치펠

대천사였던 루치펠은 아름다움과 광채를 지녔지만, 교만의 화살을 맞아 하늘에서 떨어져 악마가 되었다. 루카 복음은 이렇게 묘사하고 있다. "나는 사탄이 번개처럼 하늘에서 떨어지는 것을 보았다"(루카 10,18). 단테는 루치펠이 지옥의 맨 아래에서 무서운 모습을 하고 사람을 잡아먹고 있다고 묘사하고 있다. 이처럼 복된 자들이나 최고의 지위에 있던 천사들도 교만의 덫에 걸리면 지옥으로 떨어진다.

요아스 왕

유다의 왕 요아스는 일곱 살에 임금이 되어 마흔 해 동안 다스렸다. 그는 여호야다 사제가 살아 있는 동안에는 충실히 주님의 눈에 드는 일만 했지만 그 사제가 죽자 곧 교만의 악덕에 떨어졌다. 그때부터 그는 사악한 대신들의 말을 듣고 주님의 집을 버리고 아세라 목상과 다른 우상들을 섬겼다. 이러한 죄 때문에 유다와 예루살렘에 주님의 진노가 내렸다(2역대 24,17-18 참조). 결국 그는 아람 군대의 침입을 받아 신하들의 반란에 의해 침상에서 비참하게 살해되었다(2역대 24,23-25 참조). 이처럼 교만한 자들은 스스로를 하느님과 동등하다고 착각할 수 있다.[338]

2. 교만의 원인

영적 나태에 떨어지면 자연스레 탐욕으로 번지고 동시에 교만의 악덕에 떨어지게 된다. 허영심이 자기만족이라면 교만은 자부심을 말하는데, 허영심보다 더 심각한 것이 교만의 악덕이다.

그리스도교 전통은 이러한 교만을 모든 악의 뿌리로 보았다. 우리는 자신감과 자부심을 구별해야 한다. 어떤 일을 훌륭히 끝마쳤을 때 느끼는 기쁨과 같은 건강한 기분이 자신감이다. 그러나 자신감으로 인해 스스로 자부심을 드높이면, 곧 영혼이 크게 해를 입는다. 사악한 교만의 악덕이 자존감을 자부심으로 바꿔 놓기 때문이다. 허영심과 함께 교만의 악덕은 아주 교묘하게 우리에게 다가오기 때문에 특별히 주의해야 한다.

3. 교만과 바쁨의 문화

오늘날 우리는 바쁜 사람이 곧 중요한 사람이라 여기는 바쁨의 문화에 살고 있다. 바쁘게 지낸다는 것은 자기가 그만큼 중요한 인물이라는 것을 상징적으로 드러내는 것이다. 그러나 이렇게 생각하는 사람은 교만의 악덕에 쉽게 공격당할 수 있다. 사실 남들에게 늘 바쁘다고 말하면서 열심히 일하지 않고 게으르고 교만한 사람도 있다. 반면에 다른 사람의 일까지 떠맡으면서도, 바쁘지 않다고 말하는 겸손하고 열심히 사는 사람도 있다. 그러므로 바쁨의 문화는 일종의 마음 상태를 의미한다. 바쁨의 문화는 수도자들이 살고 있는 수도원 봉쇄 구역 안까지 침투해 있다. 너무 바빠서 자기 영혼을 위한 시간을 내지 못하고 사는 수도자를 종종 본다. 그러다가 어떤 심각한 위기의 순간이 오면, 그제야 본인이 지금 무엇을 하고 있는지 혹은 수도자란 어떤 사람인지에 대해 진지하게 고민하게 된다. 사람들이 바쁨의 문화에 머물고자 하는 것은 바쁘지 않으면 자신이 중요한 사람이 아닌 것 같다는 사회적 강박관념 때문이기도 하다.[339] 그래서 현대인들은 "요즈음 바쁘시지요?"라고 인사하면, 거의 대부분은 "예, 많이 바쁩니다"라고 대답한다. 그러나 이러한 바쁨을 치장하는 것은 또 다른 교만의 악덕에 걸려드는 것일 수 있다.

나는 오랜만에 지인을 만나면 이렇게 묻곤 한다. "아직 살아 계십니까?" 이렇게 물으면 대개 쉽게 "예"라고 대답하거나 "바쁘게 지냅니다"라고 대답한다. 그러면 다시 묻는다. "아니, 제 말은 '살아 있는가?' '숨 쉬고 있는가?'를 묻고 있는 것입니다." 두 번째 질문을 받으면 사람들은 대부분 입을 다물고 잠시 생각한다. 살아 있는 것과 숨 쉬고 있는 것, 이것은 비슷한 것 같지만 그 삶의 질과 차원은 정반대다. 전자는 생명이 약동하는 것인 반면 후자는 생명 없는 상태를 말한다. 현재 우리 삶은 어디에 속하는가? 바쁘다는 핑계로 교만에게 틈을 주고 우리의 살아 있음을 망각해서는 안 된다.

4. 영적인 시간 낭비

예수님이 언급한 여덟 가지 참된 행복은 바쁜 사람이 중요한 사람이라는 이 세상의 문화와는 전혀 다르다. 마음이 가난한 사람은 겸손하게 자신이 완전한 사람이 아니며 하찮은 존재라는 사실을 직시하고 받아들이는 사람이다. 온유한 사람은 인간적인 자부심이나 허영심에 휘둘리지 않는 사람이며, 평화를 이루는 사람은 세상이 주는 거짓 평화가 아니라 참된 평화를 추구하는 겸손한 사람이다. 마음이 순결한 사람이란 세상적으로 자신을 과대 포장하여 드러내거나 잘난 체하는 사람이 아니다. 주님이신 하느님의 뜻을 온전히 따르고자 노력하는 사람이다. 우리는 바쁜 사람이 중요한 사람이라는 세상의 문화에 쉽게 휩싸일 수 있기 때문에 항상 조심해야 한다. 이런 측면에서 더 적극적으로 영적인 것들에 시간을 투자하는 것은 바쁨의 문화로 인해 교만의 악덕에 떨어지는 것을 막는다. 또한 주님의 참된 가르침에 따라 어떠한 방법으로든지, 보잘것없고 가난한 사람들과 시간을 보내는 것도 교만의 악덕을 물리치는 구체적인 방법이 될 수 있다.[340]

5. 교만과 겸손

어둠과 빛의 성질이 전혀 다르듯이 교만과 겸손도 그 성질이 근본적으로 다르다. 교만한 자의 마음에는 불경스러운 말이 끊임없이 생겨나지만 겸손한 자의 마음에는 천상의 모습이 지속적으로 떠오른다. 도둑이 밝은 빛을 좋아하지 않듯이 교만한 사람들은 유순하고 겸손한 사람들을 미워하고 경멸한다. 교만의 올가미에 걸려든 사람은 하느님의 도움을 필요로 하지 않기 때문에 매우 위험하다. 또한 그는 죽을 때까지 참된 자기를 제대로 발견하지 못할 수 있다.[341] 교만은 죄가 있는 곳을 자신의 거처로 삼는다. 누군가 죄에 떨어진다는 것은 교만의 표시이기 때문이다. 여덟 가지 부끄러운 욕정 가운데 우리가 교만 하나를 사랑하게 되면, 즉시 다른 일곱 욕정이 달려들어 우리를 오염시킬 것이다. 교만한 사람은 자주 다른 사람들과 씁쓸하게 논쟁하기를 좋아하지만, 겸손한 사람은 다른 사람들에게 반박하지 않는다. 남의 비평을 거부한다는 것은 스스로 교만하다는 것을 인정하는 것이다. 반면에 남의 비평을 겸손하게 받아들인다는 것은 이러한 속박에서 자유롭다는 것을 드러내는 것이다. 하느님께서는 이러한 교만한 자들을 대적하시고 겸손한 사람들에게 은총을 베푸시는 자비로우신 분이다(야고 4,6 참조).[342]

6. 순종과 겸손

교만의 악덕을 극복하기 위해서는 무엇보다 순종과 겸손의 마음을 지녀야 한다. 사탄의 가장 큰 적은 순종으로 성장하는 마음의 회개며, 겸손은 사탄을 가장 낮은 데로 데려간다. 베르나르도 성인은 겸손을 이렇게 정의했다. "겸손은 인간이 자기 자신에 대한 정확한 인식을 통해 자기 원래 모습으로 낮아지게 하는 덕이다."[343] 그러므로 우리는 순종의 올가미로 사탄을 옭아매고, 겸손의 채찍으로 사탄의 사악한 껍질을 벗겨 내야 한다.

사실 우리의 모든 것은, 심지어 생명 자체도 하느님의 선물이다. 이 사실을 깊이 인식할 때 인간은 참된 겸손을 지닐 수 있으며, 그분께 순종하고 그분을 따라나설 수 있다. 인간은 영원히 살지 않으며 유한한 존재라는 사실을 인정하고 받아들이면, 스스로 겸손해질 수밖에 없다.[344] 우리는 심판자 앞에서 절대로 스스로를 과대 포장해서는 안 된다. 성경의 혼인 잔치의 비유를 늘 기억해야 한다. 혼인 잔치에 초대받은 손님 가운데 예복을 입지 않은 손님이 있었다. 비록 그는 혼인 잔치에 들어갔지만 예복을 갖추지 않아 손과 발이 묶이고 바깥 어둠 속으로 쫓겨났다(마태 22,1-13 참조). 또한 우리보다 먼저 살다간 현인들이나 수도 교부들의 훌륭한 모범을 본받는 것도 크게 도움이 될 것이다.

그러나 그들과 우리를 똑같이 비교하는 것은 매우 위험하다. 하느님은 각 사람들을 그에 맞는 다른 길로 인도하시기 때문이다.

7. 성경의 가르침

교만한 자는 아담과 하와처럼, 눈이 열려 하느님처럼 된다는 사탄의 유혹에 쉽게 넘어가 기꺼이 선과 악을 알게 해 주는 열매를 따서 먹으려고 한다(창세 3,5 참조). 그러나 하느님께서는 교만한 자들에게 말씀하신다. "너는 선보다도 악을, 의로움을 말하기보다 속임수를 더 사랑하는구나. 거짓을 꾸미는 혀야, 너는 온갖 멸망의 언사를 사랑하는구나. 그러니 하느님께서는 너를 영영 허물어뜨리시며 너를 천막에서 잡아채고 끌어내시어 생명의 땅에서 너를 없애 버리시리라"(시편 52,5-7). 하느님께서는 교만한 자들을 대적하시고 꾸짖으시지만 겸손한 자들에게는 은총을 베푸시는 분이시다(참조: 시편 119,21; 야고 4,6). 그러므로 우리 모두는 겸손의 옷을 입고 서로 따뜻하게 대해야 한다(1베드 5,5 참조). 그분은 마음이 교만한 자를 역겨워하시며 반드시 당신 팔로 권능을 떨치시어 흩으시는 분이다. 그들은 결코 벌을 면할 수가 없다(참조: 잠언 16,5; 루카 1,51). 바오로 사도는 "그대가 가진 것 가운데에서 받지 않은 것이 어디 있습니까? 모두 받은 것이라면, 왜 받지 않은 것인 양 자랑합니까?"(1코린 4,7)라고 코린토인들을 질책했다. 그러므로 우리는 아무것도 자랑할 수 없고, 더욱이 교만하게 말하고 행동할 권리도 없다.[345]

하느님은 모든 것을 아시는 분이므로, 우리는 교만한 말을 늘어놓거나 거만한 말을 입 밖에 내서는 안 된다(1사무 2,3 참조). 다윗은 주님의 도움을 청했다. "거만한 발길이 제게 닿지 않게, 악인들의 손이 저를 내쫓지 않게 하소서"(시편 36,12). 다윗은 교만 때문에 벌을 받을까 봐 두려워 이렇게 고백한 것이다.[346] 교만에 떨어졌다가 곧 자신의 죄를 뉘우친 히즈키야 왕도 살아 있는 동안 하늘에서 내리는 진노의 불길을 피할 수 있었다(2역대 32,26 참조). 우리 역시 교만의 악덕에 떨어질지라도 겸손한 자세로 즉시 뉘우치고 주님의 자비와 은총을 청해야 할 것이다.

8. 마니피캇

성모 마리아의 노래인 「마니피캇」은 육적 혹은 영적 교만을 어떻게 극복해야 하는지 잘 가르쳐 준다. 주님께서는 당신 팔로 권능을 떨치시어 마음속 생각이 교만한 자들을 멀리 흩으셨다.

통치자들을 왕좌에서 끌어내리시고 비천한 이들을 들어 높이셨다(루카 1,51-52 참조). 여기서 마리아는 마음속으로 교만한 자들을 주님께서 반드시 내치신다는 사실을 일깨워 주고 있다. 주님은 "굶주린 이들을 좋은 것으로 배불리시고, 부유한 자들을 빈손으로 내치신다"(루카 1,53). 주님은 교만한 통치자들이나 부유한 자들이 아닌 비천하고 겸손한 이들을 굽어보시며 그들을 일으켜 주신다. 현대의 소비문화는 우리에게 더 많은 물건을 사서 더 많은 자부심을 쌓으라고 부추긴다. 그러나 그리스도교에서는 이러한 세상적인 교만과 탐욕에 맞서 가장 훌륭하고 올바른 길의 모범으로서 성모 마리아의 지극한 겸손을 제시하고 있다.[347]

9. 교만의 결과

『신곡』에는 교만의 악덕에 떨어져 연옥에 머물러 있는 자들이 등장한다. 일곱 가지 대죄 가운데 가장 무거운 교만의 죄를 지은 자들은 세상에서 자기를 높이려던 사람들이었다. 그들은 지금 이곳에서 무거운 돌을 짊어지고 허리를 구부린 채 가슴을 치면서 하염없이 걷고 있다. 이곳에 매우 교만했던 움베르토 알도브란데스코가 있다. 시에나에 있는 산타피오라의 백작 굴리엘

모의 아들인 그는 기벨리니 당원으로서 시에나와 자주 싸웠고, 1259년, 캄파냐티코에서 시에나의 자객에 의해 살해당했다. 그는 단테에게 "교만은 나 하나만을 해친 것이 아니라, 내 모든 일가들을 나와 함께 앙화 속으로 끌어넣었다"라고 고백했다.[348] 굽비오의 유명한 채색화가 오데리시도 이곳에 있다. 교만한 그는 제자인 프랑코를 오만하게 대했다. 그러나 후에 그의 작품보다 제자의 작품이 더 널리 알려지게 되었다. 그는 단테에게 "오호, 인간 능력의 덧없는 영광이여"라고 고백했다.[349] 사실 세상의 소문들이란 한바탕 세차게 부는 바람과 같다.

「연옥편」 제12곡에는 교만한 자들이 여럿 등장한다.[350] 단테는 교만 때문에 하늘에서 떨어진 지옥의 왕 루치펠, 바벨탑을 쌓던 교만하고 어리석은 자들(창세 11,4 참조)을 언급한다. 이스라엘의 왕이었던 사울도 있다. 그는 블레셋 군과 싸워 패하자 필리스티아인들의 땅 길보아에서 자결했다(1사무 31,1-4 참조). 솔로몬 왕의 아들인 르하브암도 등장한다. 당시 백성들이 높은 세금으로 감세를 간곡히 청했지만, 교만했던 그는 단호히 거절했다. 그러자 백성들이 폭동을 일으켰고 그는 결국 예루살렘으로 도망쳤다(1열왕 12,1-18 참조). 아시리아 왕 산헤립도 교만한 자였다. 그는 유다와 예루살렘을 위협했고 하느님을 업신여겼다. 결국 그는 자신의 두 아들에게 살해당하고 말았다(2열왕 19,37 참조).

10. 사막 교부들의 가르침

사막의 교부들은 교만의 악덕에 대처하기 위한 지혜의 가르침을 주었다. 이집트의 위대한 안토니우스 압바는 다음과 같이 말했다. "어떤 수도자가 인간적으로 많은 노력과 수고를 했지만 후에 그는 늘 주님을 배반하여 영적 교만에 떨어졌다. 그는 하느님보다 자신의 업적을 더 신뢰했고, 하느님 말씀에 전혀 주의를 기울이지 않았다."[351]

로마 귀족의 가문에서 태어나 훌륭한 교육을 받고 황제의 자녀들을 가르치던 아르세니우스 압바Abba Arsenius는 로마의 화려한 궁전을 떠나 스케티스의 사막으로 가서 철저히 은수생활을 했다. 어느 날 그가 독방에 앉아 있었는데 갑자기 한 소리가 들렸다. "따라오너라. 내가 너에게 인간들의 일을 보여 주리라." 그는 그 음성을 따라갔고, 거기에는 어떤 에티오피아인이 커다란 다발을 만들려고 나무를 자르고 있었다. 에티오피아인은 다 만든 큰 나무 다발을 옮기려고 했지만 매번 헛수고였다. 그럼에도 그는 나무를 덜어 내기는커녕 더 많은 나무를 모으기 위해 오랫동안 나무를 계속 자르고 있었다. 그때 또다시 소리가 들렸다. "따라오너라. 너에게 다른 것을 보여 주겠다." 이번에는 말을 타고 성전으로 큰 나무 조각을 나르는 두 사람이 보였다. 그들은 성전에 들어가려고 했지만 나무를 가로로 들고 있었기에 문을 통과할 수 없었다. 두 사람 중 누구도 한 발짝 뒤로 물러나지 않고, 나란히 서서 나무를 들고 있었다. 그때 또다시 한 소리가 들렸다. "이 사람들은 교만을 들고 있으면서 정의의 멍에를 나르고 있다. 그들은 그리스도의 겸손한 길을 걷기 위해서 스스로를 낮추지 않았다. 그래서 그들은 하늘나라의 문 밖에 서 있는 것이다."[352]

엘리아스 압바는 "회개가 있는 곳에 죄가 무엇을 하겠습니까? 교만이 있는 곳에 사랑이 무슨 소용 있겠습니까?"라고 가르쳤다.[353] 이시도루스 압바Abba Isidorus도 교만의 위험성을 지적했다. "겸손의 높이는 대단히 높으며, 교만의 깊이는 대단히 깊다. 겸손에 주의를 기울이고 결코 교만에 떨어져서는 안 된다."[354]

11. 에바그리우스의 가르침

교만의 특징

교만은 본질적으로 하느님의 도움을 거부하는 것이다. 교만한 사람은 하느님의 도움을 전혀 필요로 하지 않으며, 인정하지 않는다. 그리고 자신의 이러한 면을 몰라주는 형제들을 어리석은 자라 여기며 무시한다. 에바그리우스는 바로 이러한 교만의 악덕이 영혼에 가장 큰 상처를 주어 결국 영혼을 더 깊은 타락으로 떨어뜨린다고 보았다.[355] 주님은 겸손한 자들의 장막 안에 친히 머무르시지만 교만한 이들의 집에는 결코 머무르지 않으신다. 교만한 자에게는 주님의 저주가 넘칠 것이라는 사실을 잊어서는 안 된다.[356]

항상 주의하라

영혼이 여러 악덕을 물리치고 평화로운 상태에 있을지라도 교만의 악덕은 언제든 영혼을 다시 공격할 수 있다. 그러므로 항상 교만의 악덕을 거슬러 주의해야 한다.[357] 우리는 성경과 많은 수도 교부의 작품을 통해, 어떻게 진보한 그리스도인들이 교만의 악덕에 의해 쉽게 나락으로 떨어졌는지 볼 수 있다.

치료법

교만의 치료법은 과거의 잘못과 하느님의 은총을 늘 기억하는 것이다. 수도자는 자기가 버리고 떠나온 세상이 얼마나 자신을 비참하게 했는지 잊어서는 안 된다. 그리고 누가 자신을 사막에서 보호했는지? 누가 자신을 공격하는 악령을 몰아냈는지? 고통 중에 있을 때, 어떻게 하느님의 자비로 아파테이아의 높은 단계로 건너갔는지 잊지 말아야 한다. 이런 생각들은 우리 안에 참된 겸손을 가져오고 교만의 악덕을 결코 허용하지 않는다.[358] 특별히 에바그리우스는 교만의 여러 상황을 열거하면서, 각 상황에 따라 하느님의 말씀을 깊이 묵상해야 함을 강조했다.[359]

12. 요한 카시아누스의 가르침

카시아누스는 『제도서』에서 여덟 가지 악덕 가운데 교만의 악덕을 두 번째로 길게 설명하고 있다.[360] 교만은 다른 악덕들보다 포악하고 사나운 맹수와 같아서 완덕에 거의 다다른 사람을 무자비하게 물어뜯고 파괴한다. 이러한 교만은 영혼의 일부만이 아니라 영혼 전체를 어둡게 만들고 완전한 파멸로 이끈다.[361] 비록 교만의 악덕이 여덟 가지 악덕 가운데 가장 나중에 언급되기는 하지만 그 기원에 있어서는 첫 번째임을 카시아누스는 지적했다.[362]

참회의 한마디

교만에 떨어지더라도 자신의 교만을 인정하고 주님 앞에 잘못을 고백하면, 우리는 주님에게 참된 용서를 받을 수 있다. 구약

성경의 다윗은 하느님 앞에서 중대한 죄를 지었지만, 그는 자신의 잘못을 인정하고 참회의 한마디 표현으로 하느님에게 용서를 받을 수 있었다. 예수님과 함께 십자가에 매달렸던 죄수 한 명도 진정 어린 고백 한마디로 그날 주님과 함께 천국에 들어가는 영광이 얻는다. 이렇듯 완전한 고백 한마디는 무거운 죄를 물리치기에 충분하다. 사실 죄의 용서나 구원은 전적으로 하느님의 선물과 은총이다.[363] 또한 하느님의 자비와 은총 그리고 우리의 겸손 없이는 아무도 완덕에 도달할 수 없다.[364]

교만의 두 종류

교만에는 육적 교만과 영적 교만이 있다. 첫째, 육적 교만은 자신을 다른 사람들보다 위에 놓는 악덕이다. 주로 육적인 사람들이나 영성생활의 초심자들이 이러한 유혹에 떨어진다. 교만에 떨어진 사람은 공동체 안에서 자신이 다른 사람보다 우월하다고 생각하여 사람들을 쉽게 무시한다. 또한 공동체의 가난한 생활에 만족하지 못하고 개인 소유물을 만들어 두려고 하다가 결국 공동체를 떠나기도 한다. 이러한 교만의 악덕에 사로잡힌 사람들은 입으로는 영적인 삶을 찾고 있다고 말하면서, 실제로는 자신의 욕망을 추구하는 자들이다. 혹시 우리도 이러한 육적인 교만에 떨어져 살고 있는 것은 아닌지 깊이 성찰해 보아야 한다. 특히 바쁜 사람이 중요한 사람이라고 믿는 문화에 사로잡혀 있을 때, 이러한 교만에 더 깊이 떨어질 수도 있다. 바쁨의 문화에 내재해 있는 현세적인 교만을 물리치려면 먼저 깊은 겸손으로 하느님의 은총을 간절히 청해야 한다.365

둘째, 영적 교만은 자신을 하느님보다 높이 두는 악덕이다. 주로 영적이고 선한 사람들이 이러한 공격을 받는다. 카시아누스는 자신을 하느님보다 더 높은 존재라 여겼던 루치펠을 예로 들고 있다. 루치펠은 천사들 가운데 가장 아름답고 재능 있는 천사였지만 그 재능을 자기 욕망을 채우는 데 사용했다. 결국 그는 자기 멋대로 살다가 하늘에서 깊은 나락으로 떨어지고 말았다.366 이러한 영적 교만은 육적 교만보다 영성생활에 있어 더 위험하고 치명적이다. 주로 덕행에 더 열심히 나아간 자들을 공격하기 때문이다.367 이 악덕은 하느님의 자리에 우리 자신을 올려놓는 매우 위험한 악덕이다. 이런 면에서 자기 자리를 결코 벗어나지 않았던 세례자 요한의 모습은 우리에게 좋은 모범이 된다. 그러나 안타깝게도 대다수 그리스도인들은 영적 교만의 위험성을 잘 인지하지 못하고 있고 이를 깊이 경험한 사람들도 그렇게 많지 않다. 우리 가운데 마음의 순수함을 얻기 위해 치열하게 싸우는 사람이 그렇게 많지 않기 때문이다.368

항상 경계하라

우리가 다른 악덕들을 물리쳤다고 도취될 때, 주의하지 않으면 교만의 악덕에 떨어질 수 있다. 모세도 바로 이 점에 대해 이스라엘 백성에게 경고했다. "너희가 배불리 먹으며 좋은 집들을 짓고 살게 될 때, … 너희 마음이 교만해져, 너희를 이집트 땅, 종살이하던 집에서 이끌어 내신 주 너희 하느님을 잊지 않도록 하여라"(신명 8,12-14). 솔로몬은 "네 원수가 쓰러졌다고 기뻐하지 말고 그가 넘어졌다고 마음속으로 즐거워하지 마라"(잠언 24,17) 하고 경고했다. 혹시라도 주님께서 우리의 교만을 보시고 원수를 무찌르는 일을 그만두실 수도 있기 때문이다. 만일 그렇게 되면 이미 하느님의 은총으로 극복할 수 있었던 다른 욕정들이 또다시 우리를 집요하게 공격하고 괴롭힐 것이다.[369]

치료법

카시아누스는 교만을 무너뜨리는 겸손만이 우리를 참된 완덕에 이르게 한다고 보았다.[370] 사실 하느님에 대한 두려움과 겸손은 완덕을 향한 여정의 필수 덕목이다. 이러한 덕목들은 마음의 단순함과 관대함에서 온다.[371] 그리고 주님 안에서 자신의 삶에 다가오는 고통들을 겸손으로 기꺼이 받아들여야 한다. 그것은 각자가 받아들여야 할 십자가이기 때문이다. 그러므로 주님과 모든 거룩한 사람들의 고통을 떠올리면서, 자신이 지금 시험당하고 있으며 자신의 고통이 그래도 그들보다 훨씬 가볍다는 사실을 직시해야 한다.[372]

13. 교만을 극복하는 방법

첫째, 교만의 악덕이 우리에게 다가올 때, 처음부터 그것을 허용해서는 안 된다. 만약 그것을 처음에 조금이라도 허용하게 되면, 교만은 우리 안에 거처를 잡고 우리를 하느님에게서 더욱 멀어지게 한다.

둘째, 수행자는 과거의 비참했던 삶과 옛 잘못들을 기억하고 자신이 버리고 떠나온 세상이 얼마나 자신을 비참하게 했는지 항상 기억해야 한다.[373]

셋째, 고통과 시련 가운데 있을지라도, 어떻게 그리스도의 자비로 아파테이아의 높은 경지로 나아갔는지 잊어서는 안 된다. 또한 우리를 거슬러 일어나는 무서운 악덕들을 주님께서 어떻게 물리치셨는지 늘 기억해야 한다.[374]

넷째, 마리아처럼 늘 겸손을 간직해야 한다. 겸손을 뜻하는 라틴어 humilitas는 흙 또는 먼지를 뜻하는 humus에서 나왔다.

주 하느님께서는 흙의 먼지로 사람을 빚으시고, 그 코에 생명의 숨을 불어 넣으심으로써 비로소 사람은 생명체가 되었다(창세 2,7 참조). 사람이 흙과 먼지와 같은 존재라는 뜻이다. 이는 재의 수요일 전례에서 매년 환기되고 있다. 이날 사제는 "사람은 흙에서 왔으니, 흙으로 돌아갈 것을 기억하십시오"라고 말하며 신자들의 이마에 재를 얹어 준다. 이것은 인간이 아무것도 아니라는 사실을 기억하고, 교만하지 말고 겸손하라는 의미를 내포하고 있다. 겸손은 우리를 하느님의 완전한 사랑으로 인도한다. 겸손이야말로 하느님께 이르는 가장 빠른 길이다. 그러므로 영성생활에서 언제나 하느님의 은총 안에서 겸손을 유지하는 것이 매우 중요하다.

다섯째, 매일 죽음을 기억해야 한다. 우리 모두는 이 세상을 떠나야 한다는 사실을 항상 직시해야 한다. 특별히 죽음에 대한 깊은 묵상은 교만과 모든 악덕에서 우리를 지켜 줄 것이다.[375]

여섯째, 렉시오 디비나 수행을 충실히 해야 한다. 아무리 사악하고 교활한 사탄이라도 말씀의 위력 앞에서는 아무것도 할 수 없다. 에바그리우스는 교만의 악덕을 물리치기 위해 먼저 하느님의 말씀을 깊이 묵상해야 함을 강조했다.

일곱째, 하느님의 자비와 은총이 절대적으로 필요하다. 주님께서는 "너희는 나 없이 아무것도 하지 못한다"(요한 15,5)라고 하셨다. 우리의 영적 여정은 하느님의 자비와 은총 없이는 시작조차 불가능하다. 인간은 약한 존재이기에 하느님의 도움이 절대적으로 필요하다. 시편 저자는 이렇게 고백했다. "주님께서 집을 지어 주지 않으시면 그 짓는 이들의 수고가 헛되리라. 주님께서 성읍을 지켜 주지 않으시면 그 지키는 이의 파수가 헛되리라"(시편 127,1). 또한 "나를 쓰러뜨리려 그렇게 밀쳤어도 주님께서는 나를 도우셨네. 주님은 나의 힘, 나의 굳셈, 나에게 구원이 되어 주셨네"(시편 118,13-14). 모든 것은 우리의 의지나 노력보다 하느님의 자비와 은총에 달려 있다(로마 9,16 참조). 그래서 바오로 사도도 "하느님의 은총으로 지금의 내가 되었습니다. … 그것은 내가 아니라 나와 함께 있는 하느님의 은총이 한 것입니다"(1코린 15,10)라고 고백했다. 하느님의 은총과 자비 없이는 사악한 교만의 덫에서 결코 자유로워질 수 없다.[376]

카시아누스는 교만의 악덕을 극복하기 위해서는 반드시 하느님의 도움이 필요함을 강조했다. 하느님의 도움 없이는 집요하게 다가오는 교만의 악덕을 결코 극복할 수 없다. 우리가 악덕들과의 싸움에서 승리하더라도 교만과 자만심의 덫에 걸려 그 승리를 자신의 덕행과 지혜로 돌리는 어리석은 짓을 해서는 안 된다. 주님께서 힘을 주시고 도와주시지 않는다면, 우리는 교만의 악덕을 물리칠 수가 없다.[377]

나가며

"우리의 전투 상대는 인간이 아니라, 권세와 권력들과 이 어두운 세계의 지배자들과 하늘에 있는 악령들입니다"(에페 6,12). 이러한 전통적 개념은 사막 수도승 영성에 새로운 개념을 가져다주었다. 사막은 악령들이 지배하는 곳이었기에 사막으로 물러난 수행자들은 악령과 직접 맞닥뜨려 싸웠다. 그러므로 사막에서의 금욕적 투쟁은 무엇보다도 이러한 악령들을 거스른 싸움이었다. 여기서 사막이라는 개념은 단순히 지리적인 장소가 아니라, 우리가 내적 투쟁을 시작하는 바로 그곳이다. 우리가 살고 있는 이곳, 즉 가정·직장·수도원·사회가 바로 사막인 것이다. 이 사막에서 여러 악덕을 거슬러 싸우고 마침내 내적 고요와 평정에 이를 때 우리는 비로소 수행생활의 최고 목표인 아파테이아에 이를 수 있다. 우리가 사탄이나 악령의 존재를 인정하고 그것에 힘을 실어 주면, 그것은 곧바로 무섭고 파괴적인 힘으로 우리를 무자비하게 공격할 것이다. 그러나 우리가 악령에 아무런 힘을 실어 주지 않으면 악령은 결코 우리에게 아무것도 할 수 없다. 수행자들은 사탄 혹은 악령을 거슬러 싸우는 사람들이다. 시공을 초월해 현대의 우리들에게도 양상만 다를 뿐이지 사탄과 악령은 존재한다. 사실 우리가 싸울 상대는 우리의 형제나 이웃이 아니라, 우리 마음 안에 깊이 뿌리내린 사악하고 나쁜 생각들이다. 이것을 에바그리우스와 요한 카시아누스는 여덟 가지 악덕으로 일목요연하게 정의했다.

이 여덟 가지 악덕은 두말할 필요도 없이 우리의 행복을 가로막는다. 그러나 그 대척점에 있는 여덟 가지 덕행의 열매는 우리 삶을 행복으로 이끌고 더욱 풍요롭게 해 준다. 여덟 가지 악덕과 덕행을 나열해 보면 이렇다. 육체에 깃든 세 가지 악덕인 탐식의 반대의 덕은 절제이며, 간음의 반대의 덕은 정결이며, 탐욕의 반대의 덕은 가난이다. 마음과 정신에 깃든 세 가지 악덕인 분노의 반대의 덕은 온유며, 슬픔의 반대의 덕은 기쁨이며, 나태의 반대의 덕은 열정이다. 마지막으로 영혼에 깃든 두 가지 악덕인 허영심의 반대의 덕은 진솔함이며, 교만의 반대의 덕은 참된 겸손이다.[378]

사악한 악덕들은 우리 영혼 깊은 곳에 자리하면서 거룩한 것들에 대한 관상을 끊임없이 방해하고 파괴한다. 빛과 어둠이 공존할 수 없는 것처럼, 이러한 악덕들은 결코 덕행과 공생할 수 없다.[379] 그러므로 치열한 영적 싸움을 통해 악덕들을 몰아낸다면, 바로 그 자리에 덕행의 꽃들이 활짝 피어나게 될 것이다. 예를 들면, 우리 마음속에 간음의 악덕이 극복된다면 바로 그곳에 정결의 덕이 꽃피게 된다. 분노의 악덕이 극복된다면 그 자리에 온유함의 덕이 꽃피게 되고, 슬픔의 악덕이 극복된다면 그곳에 참된 기쁨의 꽃이 활짝 피어난다. 그때 참된 행복은 멀리 있지 않을 것이다. 이와 같이 모든 악덕이 우리 마음에서 쫓겨난다면, 그 자리에 덕행의 꽃들이 활짝 피어난다는 사실을 카시아누스는 일깨워 주고 있다.[380] 인간적인 한계와 약점 때문에 여덟 가지 악덕을 거슬러 덕행의 삶을 향해 끊임없이 나아간다는 것은 그리 쉽지 않다. 그러나 하느님의 자비와 은총이 있기에, 실수하고 넘어질지라도 또다시 일어나 시작할 수 있다는 사실이 우리에게는 큰 위로와 위안이 된다.

우리가 살펴본 여덟 가지 악덕을 거슬러 주님만을 찾고 그분을 붙잡는 가장 안전하고 구체적인 방법 중 하나가 바로 렉시오 디비나 수행이다. 고대 수도 전통이 전하는 하느님 말씀에 대한 끊임없는 수행인 렉시오 디비나는 이러한 여러 악덕에서 우리를 지켜 주고 마침내 그분과의 완전한 일치와 참된 행복의 삶으로 인도할 것이다.

아르세니우스 압바의 말씀을 인용하며 글을 마무리하고자 한다. "우리가 진실로 하느님을 찾는다면 그분께서는 당신 자신을 우리에게 드러내 보여 주실 것이다. 또한 우리가 그분을 붙잡으면 그분께서 우리 곁에 머물러 계실 것이다."[381]

약어

『교리서』　주교회의 교리교육위원회 『가톨릭 교회 교리서』, 한국 천주교 중앙협의회 2003.

『금언집』　『사막 교부들의 금언집: 알파벳순 모음집』*The Sayings of the Desert Fathers; The Alphabetical collection*, trans., Benedicta Ward, CS 59, (Kalamazoo, MI: Cistercian Publications 1975).

『스승님』　에바그리우스 외 『스승님, 기도란 무엇입니까?』 허성준 역주, 생활성서사 2008.

CF　Cistercian Fathers Series (Kalamazoo, MI: Cistercian Publications 1970~).

CS　Cistercian Studies Series (Kalamazoo, MI: Cistercian Publications 1973~).

SC　Sources Chrétiennes (Paris: Editions du Cerf, 1941~).

주

들어가며

1 Ioannes Climacus, *Scala paradisi*(이하 『천국의 사다리』); John Climacus, *The Ladder of Divine Ascent,* trans., Colm Luibheid, The Classics of Western Spirituality (New York: Paulist Press 1982) 257.

2 *The Sayings of the Desert Fathers; The Alphabetical collection*, trans., Benedicta Ward, CS 59, (Kalamazoo, MI: Cistercian Publications 1975) 234-235(이하 『금언집』).

서론

3 로버트 엘스버그 『우리를 행복으로 이끄는 성인들』 성바오로딸수도회 옮김, 바오로딸 2007, 10-11.

4 크리스토퍼 제이미슨 『우리를 불행하게 하는 여덟 가지 생각』 박지니 옮김, 예지 2012, 40-48(이하 『우리를 불행하게 하는 여덟 가지 생각』).

5 Pseudo Macario, *Omelie*, 6,3.

6 Ioannes Cassianus, *Conlationes* 5,27; John Cassian, *The Conferences*, trans., Boniface Ramsey (New York: Paulist Press 1997) 204(이하 『담화집』).

7 『담화집』 1,4.

8 허성석 엮음 『수도 영성의 기원』 분도출판사 2015, 298.
9 Adalbert De Vogüé, *The Life of Saint Benedict*, tran., Hilary Costello and Eoin de Bhaldraithe (Petersham, MA: St. Bede's Publications 1993) 164; 그레고리오 대종 『베네딕도 전기』 이형우 역주, 분도출판사 1999, 227-229.
10 지복직관至福直觀은 영성생활의 마지막 단계로써, 성 아우구스티누스는 이것을 인간의 '본향'이라고 표현했다. 성 토마스 아퀴나스는 지복직관이 인간에게 완전한 행복을 가져다주지만 이러한 행복은 나그네 살이하는 이 지상에서는 완전히 성취되지 않는다고 설명했다.
11 Origene, *Commentario di San Matteo*, 21.
12 기달베르토 보르몰리니 「로기스모이, 사막 교부들 안에서 생각들에 대한 통제」 허성석 역주, 『영성』(코이노니아 선집 2), 성 베네딕도회 왜관 수도원 2004, 306-327.
13 에바그리우스 『프락티코스』 허성석 역주, 분도출판사 2011.
14 Evagrius Ponticus, *Praktikos*, 6; Evagrius Ponticus, *The Praktikos and Chapters on Prayer*, trans., John Eudes Bamberger, CS 4 (Kalamazoo, MI: Cistercian Publication 1981), 16-17(이하 『프락티코스』).
15 악덕은 악한 품성을 말하고, 악습은 나쁜 버릇을 말한다.
16 Ioannes Cassianus, *Institutiones*; John Cassian, *The Institutes*, trans., Boniface Ramsey (New York: The Newman Press 2000) 참조(이하 『제도서』).

1. 탐식

17 『우리를 불행하게 하는 여덟 가지 생각』 107-109.
18 『담화집』 5,6.
19 『담화집』 5,6.
20 『담화집』 5,6.
21 『담화집』 5,20.
22 『담화집』 5,19.
23 단테는 『신곡』에서 칠 일 동안 지옥과 연옥 그리고 천국을 순례하면서

만나는 다양한 사람들을 묘사하고 있다. 「지옥편」*Inferno*은 34곡으로 구성되어 있는데, 단테는 지옥을 아홉 개의 환으로 설명하고 있다. 이곳에 있는 사람들은 무서운 형벌에 시달리고 있으며, 그들에게는 빛이 전혀 없는 영원한 죽음만이 있을 뿐이다. 「연옥편」*Purgatorio*은 33곡으로 구성되어 있으며, 연옥의 산으로 묘사하고 있다. 이곳에는 칠죄종에 떨어진 자들이 무서운 형벌을 당하고 있다. 그러나 그들에게는 지옥에서와 같은 영원한 죽음이 없기에 정화된 후에 하늘나라에 들어갈 수 있다는 한 가닥 희망이 있다. 「천국편」*Paradiso*은 33곡으로 이루어져 있으며, 천국을 모두 아홉 하늘로 나누어 설명하고 있다. 이곳에 있는 자들은 아무런 형벌도 없고, 죽음도 없이 찬란한 빛 속에 영원히 머무르고 있다.

24 단테 알리기에리 『단테의 신곡 (상)』 최민순 옮김, 가톨릭출판사 2013, 107-117(이하 『단테의 신곡 (상)』); 단테 『신곡 I』 한형곤 옮김, 삼성출판사 1986, 67-74(이하 『신곡 I』).
25 단테 알리기에리 『단테의 신곡 (하)』 최민순 옮김, 가톨릭출판사 2013, 91-132(이하 『단테의 신곡 (하)』); 단테 『신곡 II』 한형곤 옮김, 삼성출판사 1986, 31-58(이하 『신곡 II』).
26 뤼시앵 레뇨 『사막교부, 이렇게 살았다』 허성석 옮김, 분도출판사 2006, 109(이하 『사막교부, 이렇게 살았다』).
27 『사막교부, 이렇게 살았다』 106.
28 『사막교부, 이렇게 살았다』 108-109.
29 『담화집』 2,19.
30 『사막교부, 이렇게 살았다』 110-111.
31 『제도서』 5,24.   32 『금언집』 모세 5.
33 『제도서』 5,25.   34 『제도서』 5,26.
35 『사막교부, 이렇게 살았다』 117-118.
36 『사막교부, 이렇게 살았다』 107.
37 『사막교부, 이렇게 살았다』 125.

38 『금언집』 포이 31.
39 『금언집』 포이 181.
40 『금언집』 신클 4.
41 『금언집』 헬라 2.
42 『금언집』 피오 2.
43 『프락티코스』 7.
44 『프락티코스』 16.
45 Evagrius Ponticus, *Ad Monachos*, 11; 에바그리우스 폰티쿠스 「수도승들에게」 허성석 역주 『코이노니아』 29, 한국 베네딕도 수도자 모임 2004 여름(이하 「수도승들에게」).
46 Evagrius Ponticus, *Antirrhetikos* 1,5.14.19.20.34.43.44.52.56.57.59. 69; 에바그리우스 『안티레티코스』 허성석 옮김, 분도출판사 2014(이하 『안티레티코스』).
47 「수도승들에게」 38-39.
48 『안티레티코스』 1,3.29.30.60.
49 *The Philokalia*, vol. 1, eds. and trans., G.E.H. Palmer, Phililp Sherrard, Kallistos Ware (London: Faber and Faber 1979) 389(이하 *Philokalia*).
50 *Philokalia*, 73-74.
51 『담화집』 5,18.
52 『금언집』 신클 15.
53 『제도서』 제5권: 탐식(41장), 간음(23장), 탐욕(31장), 분노(22장), 슬픔(13장), 나태(25장), 허영심(19장), 교만(33장).
54 『담화집』 5,11.
55 『제도서』 5,20.
56 『담화집』 5,23.
57 『제도서』 5,11.
58 『제도서』 5,6.
59 『제도서』 5,7.
60 『제도서』 5,8.
61 『담화집』 5,11.
62 『제도서』 5,5.
63 『제도서』 5,9.
64 『제도서』 5,10.
65 『제도서』 5,25.
66 『제도서』 5,25.
67 『제도서』 5,26.
68 『제도서』 5,12-13.
69 『제도서』 5,16.22.
70 『제도서』 5,4.14.
71 『우리를 불행하게 하는 여덟 가지 생각』 124-125.
72 『제도서』 5,14-15.

2. 간음

73 『금언집』 사라 1.
74 『금언집』 사라 2.
75 *Philokalia*, 76.
76 주교회의 교리교육위원회 『가톨릭 교회 교리서』 한국 천주교중앙협의회 2003, 847(이하 『교리서』).
77 『우리를 불행하게 하는 여덟 가지 생각』 130.
78 『담화집』 5,6.
79 『제도서』 6,2.
80 『천국의 사다리』 15,100.
81 『천국의 사다리』 15,106.
82 『천국의 사다리』 15,104.
83 『천국의 사다리』 15,109.
84 『단테의 신곡 (상)』 94-106; 『신곡 I』 58-66.
85 『단테의 신곡 (하)』 133-160; 『신곡 II』 59-76.
86 『천국의 사다리』 15,93.
87 『제도서』 6,18.
88 『제도서』 6,20.22.
89 『제도서』 6,11.
90 『금언집』 아브 1.
91 『사막교부, 이렇게 살았다』 59-63.
92 『우리를 불행하게 하는 여덟 가지 생각』 134-135.
93 『금언집』 게론 1.
94 『금언집』 포이멘 115.
95 『우리를 불행하게 하는 여덟 가지 생각』 136-142.
96 『우리를 불행하게 하는 여덟 가지 생각』 145-149.
97 『프락티코스』 8.
98 『프락티코스』 51; 『안티레티코스』 2,29.
99 「수도승들에게」 7.
100 『프락티코스』 23.
101 『프락티코스』 58.
102 『프락티코스』 16-17.
103 「수도승들에게」 102.

104 SC 171,543.
105 『안티레티코스』 2,15.19.34.52.53.60.
106 『안티레티코스』 2,35.
107 『제도서』 6,2.   108 『제도서』 6,19.
109 『제도서』 6,23.   110 『제도서』 6,10.
111 『제도서』 6,1.
112 『천국의 사다리』 15,111.
113 『우리를 불행하게 하는 여덟 가지 생각』 144-145.
114 『담화집』 5,11.   115 『제도서』 6,15-18.
116 『우리를 불행하게 하는 여덟 가지 생각』 151.
117 Philokalia, 76.
118 『제도서』 6,9.   119 『제도서』 6,13.
120 『제도서』 6,7.   121 『제도서』 6,23.
122 『담화집』 5,4.   123 『제도서』 6,7-9.12-13.
124 『천국의 사다리』 15,103.
125 『제도서』 6,4.   126 『담화집』 5,4.
127 『제도서』 6,21.   128 『제도서』 6,17.
129 『제도서』 6,15-16. 130 Philokalia, 75.
131 『제도서』 6,5-6.
132 『천국의 사다리』 15,109.

3. 탐욕

133 앤드루 마리아 『지혜의 발자취』 박웅희 옮김, 성바오로출판사 1996, 13.
134 『교리서』 178.181.   135 『제도서』 7,2.
136 『제도서』 7,6.
137 『우리를 불행하게 하는 여덟 가지 생각』 164-166.
138 『우리를 불행하게 하는 여덟 가지 생각』 172-173.
139 『단테의 신곡 (상)』 122; 『신곡 I』 77.

140 『단테의 신곡 (상)』 122-123; 『신곡 I』 78.
141 『단테의 신곡 (하)』 53-54; 『신곡 I』 475.
142 『단테의 신곡 (하)』 56-57; 『신곡 I』 476-477.
143 『단테의 신곡 (하)』 72-74; 『신곡 II』 17-18.
144 『금언집』 아브 1.　　　　　145 『금언집』 이사 9.
146 『금언집』 엘리 8.
147 『사막교부, 이렇게 살았다』 94-95.
148 Philokalia, 78.　　　　　149 『프락티코스』 9.
150 『안티레티코스』 3,26.52.53.
151 『제도서』 7,72.　　　　　152 『담화집』 9,5.
153 『담화집』 5,11.　　　　　154 Philokalia, 80.
155 『제도서』 7,7.　　　　　　156 『제도서』 7,24.
157 『제도서』 7,28.　　　　　158 『제도서』 5,10.
159 『제도서』 7,7.　　　　　　160 Philokalia, 79.
161 『제도서』 7,9.　　　　　　162 『제도서』 7,12.
163 『제도서』 7,24.28.　　　　164 『금언집』 이사 9.
165 『제도서』 7,15.　　　　　166 『제도서』 7,7.
167 『제도서』 7,21.28.　　　　168 Philokalia, 82.
169 『제도서』 7,30.　　　　　170 『제도서』 7,30.
171 『교리서』 890.　　　　　172 『프락티코스』 35.
173 『제도서』 7,27.31.
174 『안티레티코스』 99-117.

4. 분노

175 『담화집』 5,8.
176 『우리를 불행하게 하는 여덟 가지 생각』 186-188.
177 『우리를 불행하게 하는 여덟 가지 생각』 190-191.
178 『우리를 불행하게 하는 여덟 가지 생각』 192-193.

179 『교리서』 825.
180 『단테의 신곡 (상)』 130-140; 『신곡 I』 82-88.
181 『단테의 신곡 (상)』 683-685; 『신곡 I』 447-448.
182 『단테의 신곡 (상)』 687; 『신곡 I』 448-449.
183 『단테의 신곡 (하)』 22-23; 『신곡 I』 457.
184 「한겨레신문」 2001년 4월 5일자 참조.
185 『금언집』 요한 34.　　　186 『금언집』 아가 19.
187 『금언집』 암모 3.　　　188 『금언집』 니스 5.
189 『금언집』 포이 7.　　　190 『금언집』 포이 198.
191 『금언집』 히페 3.　　　192 『금언집』 신클 13.
193 『제도서』 8,1.　　　　194 『프락티코스』 11.
195 『프락티코스』 21.　　　196 『프락티코스』 20.
197 『프락티코스』 23.　　　198 「수도승들에게」 10.
199 「수도승들에게」 15.
200 『안티레티코스』 143-162.
201 *Philokalia*, 40-41.
202 「수도승들에게」 34-36.
203 『제도서』 8,5.
204 『우리를 불행하게 하는 여덟 가지 생각』 193-194.
205 『우리를 불행하게 하는 여덟 가지 생각』 194-195.
206 『안티레티코스』 5,19.
207 『안티레티코스』 5,23.
208 『제도서』 8,2.　　　　209 『제도서』 8,8.
210 『제도서』 8,13.　　　 211 『제도서』 8,15.
212 『제도서』 8,20.　　　 213 『제도서』 8,22.
214 『우리를 불행하게 하는 여덟 가지 생각』 198.
215 *Philokalia*, 85-86.
216 『제도서』 8,20.

217 Evagrius Ponticus, *De oratione*, 24(이하『기도론』); 에바그리우스 외 『스승님, 기도란 무엇입니까?』 허성준 역주, 생활성서사 2008, 45(이하『스승님』).
218 『천국의 사다리』 8,73.
219 『기도론』 27;『스승님』 45-46.
220 *Philokalia*, 86-87.
221 『제도서』 8,17.
222 『프락티코스』 15.
223 『천국의 사다리』 8,73.
224 『천국의 사다리』 8,78.
225 *The Ladder of Divine Ascent*, 258.
226 『제도서』 8,20.

5. 슬픔

227 『담화집』 5,9.
228 『우리를 불행하게 하는 여덟 가지 생각』 209-210.
229 『담화집』 5,11.
230 『우리를 불행하게 하는 여덟 가지 생각』 213-216.
231 『뉴스위크』한국판, 2004년 7월 1일자, 42-49 참조.
232 『교리서』 557.
233 *Philokalia*, 88.
234 『금언집』 닐루 3.
235 『금언집』 신클 27.
236 『프락티코스』 10.
237 『프락티코스』 14.
238 『프락티코스』 19.
239 『기도론』 16;『스승님』 43.
240 『프락티코스』 25.
241 『안티레티코스』 4,67.
242 『담화집』 5,11.

243 『우리를 불행하게 하는 여덟 가지 생각』 222-223.
244 『제도서』 9,11.　　　　245 『제도서』 9,12.
246 『제도서』 9,1.　　　　 247 『제도서』 9,13.
248 『제도서』 9,10.
249 성령의 열매는 사랑, 기쁨, 평화, 인내, 호의, 선의, 성실, 온유, 절제입니다(갈라 5,22-23).
250 『제도서』 9,2.　　　　 251 『제도서』 9,5.
252 『제도서』 9,2.5.　　　 253 『제도서』 9,9.
254 The Ladder of Divine Ascent, 259.
255 『우리를 불행하게 하는 여덟 가지 생각』 211-212.
256 『제도서』 9,13.
257 The Ladder of Divine Ascent, 256.
258 『제도서』 9,8.
259 Philokalia, 88.
260 『안티레티코스』 119-142.

6. 나태

261 『금언집』 안토 1.　　　 262 Philokalia, 90-91.
263 『사막교부, 이렇게 살았다』 131-137.
264 『담화집』 5,10.
265 『천국의 사다리』 13,90.
266 『천국의 사다리』 13,90.
267 『단테의 신곡 (하)』 42; 『신곡 I』 467.
268 『단테의 신곡 (하)』 43-44; 『신곡 I』 468.
269 Philokalia, 90.
270 『제도서』 10,7.　　　　271 『제도서』 10,2.
272 『사막교부, 이렇게 살았다』 138-139.
273 『금언집』 테오 3.　　　 274 『금언집』 신클 27.

275 『금언집』 포이 149. 276 『제도서』 10,25.
277 이 표현은 시편 91,6의 "어둠 속에 돌아다니는 흑사병도 한낮에 창궐하는 괴질도"에서 유래했다.
278 『프락티코스』 12.
279 『안티레티코스』 6,26.
280 『프락티코스』 12.
281 『프락티코스』 28.
282 「수도승들에게」 54-55.
283 알렉산드리아의 아타니시오 『사막의 안토니우스』 허성석 옮김, 분도출판사 2015, 83; Athanasius, *The Life of Anthony: The Coptic Life and the Greek Life*, tran., Tim Vivian, CS 202 (Kalamazoo, MI: Cistercian Publication 2003) 102-104.
284 『프락티코스』 29.
285 『안티레티코스』 6,25. 286 『제도서』 10,2.
287 『우리를 불행하게 하는 여덟 가지 생각』 95-96.
288 『담화집』 5,11. 289 『제도서』 10,5.
290 *Philokalia*, 90.
291 『안티레티코스』 6,28.
292 『제도서』 10,14. 293 『제도서』 10,16.
294 『제도서』 10,22. 295 『제도서』 10,25.
296 『우리를 불행하게 하는 여덟 가지 생각』 98-100.
297 『프락티코스』 29.
298 『안티레티코스』 163-181.
299 『천국의 사다리』 13,92.

7. 허영심

300 『제도서』 11,10-11. 301 『담화집』 5,12.
302 『우리를 불행하게 하는 여덟 가지 생각』 239.

303 『우리를 불행하게 하는 여덟 가지 생각』 233-234.
304 『우리를 불행하게 하는 여덟 가지 생각』 248-249.
305 『천국의 사다리』 22,123.
306 『우리를 불행하게 하는 여덟 가지 생각』 242-243.
307 『금언집』 포이 110.   308 『금언집』 오르 13.
309 『금언집』 니스 1.   310 『금언집』 포이 66.
311 *Philokalia*, 91-92.
312 『프락티코스』 머리말.
313 「수도승들에게」 61-62.
314 『프락티코스』 31.
315 『프락티코스』 13.
316 『프락티코스』 30.
317 『프락티코스』 32.
318 『안티레티코스』 7,43.
319 『담화집』 5,10.   320 『담화집』 5,7.
321 『담화집』 5,12.   322 『담화집』 5,11.
323 『제도서』 11,2-3.   324 *Philokalia*, 91.
325 『제도서』 11,18.   326 『제도서』 11,19.
327 『천국의 사다리』 22,122.
328 『프락티코스』 31.
329 *The Ladder of Divine Ascent*, 257.
330 『제도서』 11,19.
331 『프락티코스』 30.
332 『프락티코스』 32.
333 『기도론』 73; 『스승님』 58.
334 『프락티코스』 58.
335 『천국의 사다리』 22,126.
336 『안티레티코스』 183-197.

8. 교만

337 『천국의 사다리』 23,124.
338 『제도서』 12,21.
339 『우리를 불행하게 하는 여덟 가지 생각』 257-261.
340 『우리를 불행하게 하는 여덟 가지 생각』 267.
341 『천국의 사다리』 23,129.
342 『천국의 사다리』 23,127.
343 Bernard of Clairvaux, *The Steps of Humility and Pride*, CF 13A, 1989, 30-31.
344 『천국의 사다리』 23,128.
345 *Philokalia*, 93.
346 『제도서』 12,6.
347 『우리를 불행하게 하는 여덟 가지 생각』 272-274.
348 『단테의 신곡 (상)』 617; 『신곡 I』 405.
349 『단테의 신곡 (상)』 619; 『신곡 I』 406.
350 『단테의 신곡 (상)』 625-638; 『신곡 I』 412-416.
351 『금언집』 안토 37.   352 『금언집』 아르 33.
353 『금언집』 엘리 3.   354 『금언집』 이시 5.
355 『프락티코스』 14.
356 「수도승들에게」 19.
357 『프락티코스』 57.
358 『프락티코스』 33.
359 『안티레티코스』 199-219.
360 요한 카시아누스는 탐식에 대해 총 41장을 할애하며 가장 길게 설명하고 있다. 교만은 그 다음으로 총 33장에 걸쳐 설명하고 있다.
361 *Philokalia*, 92.
362 『제도서』 12,1.6.   363 『제도서』 12,11.
364 『제도서』 12,14.

365 『우리를 불행하게 하는 여덟 가지 생각』 270-271.
366 『우리를 불행하게 하는 여덟 가지 생각』 271-272.
367 『담화집』 5,12; 『제도서』 12,2.
368 『제도서』 12,24.   369 『담화집』 5,15.
370 『제도서』 12,23.32.   371 『제도서』 12,31.
372 『제도서』 12,33.
373 『프락티코스』 33.
374 『프락티코스』 33.
375 『제도서』 12,33.   376 『제도서』 12,9.17.33.
377 『담화집』 5,15.

나가며
378 『우리를 불행하게 하는 여덟 가지 생각』 281-283.
379 『담화집』 5,23.
380 『담화집』 5,23-24.
381 『금언집』 아르 10.

참고문헌

그레고리오 대종 『베네딕도 전기』 이형우 역주, 분도출판사 1999.

그륀, 안셀름 『행복한 선물』 전헌호 옮김, 성바오로 2002.

레뇨, 뤼시앵 『사막교부, 이렇게 살았다』 허성석 옮김, 분도출판사 2006.

린치, 플랜 『참 행복의 비밀』 최문희 옮김, 분도출판사 2012.

마르쿠제, L. 『행복의 철학』 이재희 옮김, 창우사 1993.

마리아, 앤드루 『지혜의 발자취』 박웅희 옮김, 성바오로출판사 1996.

베네딕도 『성 베네딕도 규칙』 허성석 번역·주해, 들숨날숨 2011.

보르몰리니, 기달베르토 「로기스모이, 사막 교부들 안에서 생각들에 대한 통제」 허성석 역주, 『영성』(코이노니아 선집 2), 성 베네딕도회 왜관 수도원 2004.

『수도 영성의 기원』 허성석 엮음, 분도출판사 2015.

아타니시오, 알렉산드리아의 『사막의 안토니우스』 허성석 옮김, 분도출판사 2015.

알리기에리, 단테 『단테의 신곡 (상)』 최민순 옮김, 가톨릭출판사 2013.

—, 『단테의 신곡 (하)』 최민순 옮김, 가톨릭출판사 2013.

—, 『신곡 I』 한형곤 옮김, 삼성출판사 1986.

―, 『신곡 II』 한형곤 옮김, 삼성출판사 1986.

에바그리우스 외 『스승님 기도란 무엇입니까?』 허성준 역주, 생활성서사 2008.

에바그리우스 폰티쿠스 「수도승들에게」 허성석 역주 『코이노니아』 29, 한국 베네딕도 수도자 모임 2004 여름.

―, 『안티레티코스』 허성석 옮김, 분도출판사 2014.

―, 『프락티코스』 허성석 역주·해제, 분도출판사 2011.

엘스버그, 로버트 『우리를 행복으로 이끄는 성인들』 성바오로딸수도회 옮김, 바오로딸 2007.

오먼, 조던 『영성신학』 이홍근 옮김, 분도출판사 1987.

제이미슨, 크리스토퍼 『우리를 불행하게 하는 여덟 가지 생각』 박지니 옮김, 예지 2012.

주교회의 교리교육위원회 『가톨릭 교회 교리서』 한국 천주교중앙협의회 2003.

카뮈, 알베르 외 『행복은 쓰레기통에도 있다』 원희석 엮음, 책나무 1995.

Athanasius, *The Life of Anthony: The Coptic Life and the Greek Life*, tran., Tim Vivian, CS 202 (Kalamazoo, MI: Cistercian Publication 2003).

BERNARD OF CLAIRVAUX, *The Steps of Humility and Pride*, CF 13A (Kalamazoo, MI: Cistercian Publications 1989).

DE VOGÜÉ, Adalbert, *The Life of Saint Benedict*, tran., Hilary Costello and Eoin de Bhaldraithe (Petersham, MA: St. Bede's Publications 1993).

EVAGRIUS PONTICUS, *The Praktikos and Chapters on Prayer*, trans., John Eudes Bamberger, CS 4 (Kalamazoo, MI: Cistercian Publication 1981).

JOHN CASSIAN, *The Conferences*, trans., Boniface Ramsey (New York: Paulist Press 1997).

―, *The Institutes*, trans., Boniface Ramsey (New York: The Newman Press 2000)

JOHN CLIMACUS, *The Ladder of Divine Ascent,* trans., Colm Luibheid, The Classics of Western Spirituality (New York: Paulist Press 1982).

ROBERTS, Augustine, *Centered on Christ: An Introduction to Monastic profession* (Petersham, MA: St. Bede's Publications 1979).

The Philokalia, vol. 1, eds. and trans., G.E.H. Palmer, Phililp Sherrard, Kallistos Ware (London: Faber and Faber 1983).

The Sayings of the Desert Fathers; The Alphabetical collection, trans., Benedicta Ward, CS 59, (Kalamazoo, MI: Cistercian Publications 1975).

인명 색인

게라르도 2세 175
게론티우스 압바 75
게하지 92-3 110 115
고흐 154
귀니첼리, 귀도 68

나봇 110-1
나아만 92-3 122-3
니노스 67
니스테루스 압바 135 208
닐루스 압바 161

다니엘 60
다윗 142-3 218 228 235
단테 37-8 67-9 101-2 131-2 174-5 220 230 248

루치펠 220 230 236
르하브암 230
레뇨, 뤼시앵 248

마르코(베타니아의) 132
마르쿠스 루키니우스 크라수스 103
마르티노 4세(교황) 38
마리아(롬바르도의) 107
마리아(성모) 206 228 238
마카리우스 압바 39 201
메게티우스 39
메넬라오스 68
멜라니아 74
모르도카이 132-3
모세 압바 23 39 41 52 170-1 175 237
미다스 102

바실리우스 81
바오로 19 33 50-1 55-6 70 87 89
    91-2 96 114 136 139 141 144
    145 160 175-7 189-90 193 205
    210 217 227 240
배리, 매튜 155
베네딕도(성) 25 43 62 192-3
베드로 95
베르길리우스 102 131

베르나르도(성) 226
보니파시오(대주교) 38

사라(라구엘의 딸) 151-2
사라 암마 61
사바스(성) 104
사울 142 230
사피라 95 108-9 115
산헤립 230
세라피온 압바 105
세례자 요한 207 236
세미라미스 67
솔로몬 86 177-8 230 237
수산나 59-60
시므이 142
시카이오스 102
신클레티카 암마 6 44 49 136 159-61 180

아가톤 압바 135
아담 29 32-3 64 120 227
아르세니우스 압바 231 244
아리스토텔레스 16-8
아벨 119-20 125
아브라함 압바 73 104
아비사이 142
아우구스티누스(성) 116
아자르야 198
아칸 93
아퀼라와 프리스킬라 177
아폴론 132
아폴론 압바 39
아합 110-1

안토니우스 압바 39 45 62 105 169 179 185 192 231
알베르토 델라 스칼라 175
암모나스 압바 135
압살롬 142
야곱 30-1
야코부스 압바 39
에바그리우스 39 45-6 74 79-80 105-6 116 137-9 147-8 162 167 182-4 189 192-4 209 211 218 232-4 239 242
에사우 30 72
에스테르 132
에울로기우스 압바 43
에제키엘 220
엘리사 92-3 110 123
엘리스, 앨버트 126
엘리아스 압바 104 232
엘리야 111
여호수아 93
여호야다 221
예레미야 64
오데리시 230
오르 압바 39 208
옥타비아누스 68
요나 19 121-2
요아스 왕 221
요아킴 60
요탐 199-200
요한(리코폴리스의) 52
요한 카시아누스 7 21 23 26-7 32-3 39 47-9 51 64 81-2 88 105-6 109 112 137 139-40 143 146 152-3 163-6 170 186 188 190 212-5 218 234 236-7 240 242-3

요한 콜로부스 압바 135
요한 클리마쿠스 24 160
우찌야 198
움베르토 알도브란데스코 229
유다 이스카리옷 94 109
이사야 177 220
이사야스 압바 104 113
이시도루스 압바 232
이제벨 111

제논 127
제르마노 25
주세페 175

차코 37

카이사르 68 103
카인 119-20 125 165 175
케르베로스 37
코로니스 132
클레오파트라 68

테오도라 압마 179
토마스 아퀴나스 204 247
틱낫한 128

파리스 68
파울루스 압바 170 181
팔라디우스 39
팜부스 압바 105

펠라기우스 116
포레세 도나티 37
포이멘 압바 39 44 76 135 208
폴리도로스 103
폴리메스토르 103
프랑코 230
프랭클, 빅터 166
프리아모스 103
플라톤 17
플루토스 101
피그말리온 102
피오르 압바 45
피카소 154

하나니아스 95 108-9 115
하드리아노 5세 102
하만 132
하와 29 120 227
헤밍웨이 155
헤카베 103
헬라디우스 압바 44
헬레네 68
헬리오도로스 103
히에로니무스 16
히즈키야 197 228
히페레키우스 압바 136

주제 색인

가난 51 94 104 106-9 113 115 154 189-90 205 208 224 235 242
간음 7 26 47 51 54 59-90 109 171 209 211-2 216 242-3
거룩한 슬픔(즐거운 슬픔) 159-60 163-4
겸손 159-60 163-4
고독 20-5 80 178 183-4 216
고약한 생각 6
관상 17-20 24-6 51 58 81 140 164 166 177 211 216 217 243
관상생활 23-4
교만 7 26 30 33 47 54 65 74 116 134 148 162 197-8 202 204 210-2 219-40
구원 22 90 138 159-60 164-6 170 187 190 207 235 240
금식 44 47-9 104 213
금욕 20 23 42 45 51-3 55 61 64 75-6 79-80 82 86-7 89 146 193 203 241
기도 20 23-5 38 52 61-2 66 69 72 82-3 89-90 102 131-2 137-9 142-4 148 152 161-4 167 170

172-4 179-80 193 197 203 209
기쁨 15 18 42 46 58 76 109 125 157 160-1 164-5 170 179 185 211 222 242-3

나쁜 생각 6 21 26 46 78 83 85 87 242
나쁜 욕망 84
나태 26 48 54 116 169-195 202 209 221 242
노동 34 57 76 87 157 189
누더기 옷 177

단식 32 39-41 43-4 46 48 51-2 57 62 71 75 86-7 200-1
덕행의 열매 54 242
독방 42 73 171 173 178-9 181-91 209 214 231
돌아섬 18-9
두려움 44 61-2 81 87-8 128 135 217 237

렉시오 디비나 22-3 57-8 88 116 148 167 193-4 218 239 243
로기스모이 26 247

마니피캇 206 228-9
마음의 순결(puritas cordis) 21 23-4 51 53 55 81 84-5
마카리오스 16
메타노이아 18
무욕지상 100
묵상 22-3 62 66 82 88 106 116 121 138 141 147-8 163-4 166-7 183-6 189 192 194 211 214 216 218 234 239
물러남 19-20

반추기도 22-3
베아투스 16
분노 26 47 54 77 100 103 108 112 116 119-149 171 201 209 242-3
분노 관리 129-131
분별력 47 49 51 137 145 163 215
불륜 6 72 84 89 175
불순종 95 190

사기 7
사랑 5 21 25 42 57-8 62 69 74 76-8 81 84 86 88 96 109 112 116 127-8 135 155 160 162 166 173-4 177 190 208 211 225 227 232 239
사랑의 계명 128

사탄 6-7 21 23 26 30 32-3 40 46-7 52 62 64-6 78-80 82 95 106-7 115 137-8 159 179-81 189 203 210-1 214 220 226-7 239 242
생명의 길 104
생명의 샘 75 81 86
성덕 182
성령 60 70-1 84 89 145 160 164 207
손노동 172 176 183 189-90 193
손님 환대 40-2 78
순결 21 71 75 145
순종 70 104 160 164 172 190 226
슬픔 26-7 54 151-68 172 209 242-3
시기 7 128 134
시편 낭송 161

아케디아 173 180 182-7 191-2
아파테이아 23-4 80 217 233 238 241
악령 53 56 62 79 162 182-4 211 233 241-2
악마 6-7 31 33 37 64 136 140 161 163 187 200 202 220
악마의 덫 6 187
에우다이모니아 16
연옥 37-8 68-9 102 132 175 229
연옥의 산 248
영광의 옷 177
영적 교만 228 231 235-6
영적 지혜 71 84
영적 태만 173
영적인 사랑 116
영적 인식(지식) 217
온유 137-9 205 224 242

완덕 18 21 58-9 111 139 164 167-8
  176 188 203 234-5 237
욕정 18 21 27 49 67 73 84 86 88-9
  137 225 237
우상숭배 31 63 91 112 114
우울증 151 153-8 165
월계관 55 87
위파사나 수행 131
유욕지상 100
음욕 60 63 75 79-80 83
인내 67 86 116 135 147 163-4 167
  178 181 184 190
인색 101-2
일치 22 244

자비 58 82 89-90 116 121 126 132
  143 148 168 173 194 218 225
  228 233-4 235 238-40 243
절제 35 40 51 53 55 57-9 75 80
  86-7 116 242
정결 62 65 69-72 76-9 81-5 87-90
  202 242-3
정오의 악령 182
정화 21 85-7 113 116 161
죽음 25 31 33-4 37-8 66 92 95 114-
  5 117 131 134 142 144 153 155
  158-60 164-6 173 185 192-3 200
  239
중용 57 86
지복직관 24 247
지옥 37 62 67-8 87-8 101 131-2 145
  220-1 230 248
질투 132 135 191

천국 91-2 188 235
철야(밤샘) 57 66 87
최고선 17
칠죄종 27
침묵 20-2 25 147-8 213 216
탐식 26 29-58 64 75 77 79 109
  171-2 202 209 242
탐욕 7 26 46-7 50 54 64 73 84 91-
  117 119 171 209 213 221 229
  242
텅 빈 명성(헛된 명성) 197
통찰력 137
통회 24 57 80 89 160-1
통회의 눈물 24 57 161

파스카 20
펜토스 160
펠리스 15
평화 125 132 135-6 140-1 147-8 167
  179-80 185 224 255

행복 5-6 15-8 25-6 63 97-8 102 161
  164 166 174 205 224 242
행운 5 15-7 102
『향연』 17
허영심의 덫 215-6
헛된 영광(허영심) 26 197-200 204-5
  207 209-11 215-7
헤시키아 179
호기심 176 191
화 111 119-49 158 198
희망 87-8 160 162 164 166-7 195
  211

성경 색인

구약

창세
2,7   239
  16-17   30
3,5   30 227
  6   30
4,1-16   119
11,4   220 230
18,16-19,29   69
19,1-29   51
25,31   30

민수
11,4-6   31

신명
8,3   32
  12-14   237

여호
7,1-26   93

판관
9,7-15   199

1사무
2,3   228
31,1-4   230

2사무
16,7-8   142

1열왕
12,1-18   230
21,2   111

2열왕
5,11   123
  1-27   93
  1-7   123
  3   122
19,37   230

2역대
24,17-18   221

23-25   221
26,17-21   198
  3-16   198
32,24-26   198
  26   228

토빗
3,8-9   152
  9-10   152

에스
3,1-7,10   133

2마카
3,1-34   103

다니
13,1-56   61
  9   61
  28   61

레위
19,17-18   144

21,17-23　175

시편
6,2　141
　3　90
36,12　228
52,5-7　227
103,15-16　136 192
106,40　141
118,13-14　240
119,21　227
127,1　240

잠언
4,23　76 81 96
12,28　144
13,4　178
14,29　134
15,19　178
16,5　227
19,15　188
23,21　177
24,17　237
26,14　188
　25　53
28,22　115

지혜
14,12　63

집회
2,12　174
　13　158
31,13　115
33,29　178

37,30-31　31 34
38,18　159
　20　159

이사
14,13-14　220
52,1　177

예레
5,7　64

에제
16,49-50　51
28,2　220

요나
3,1-10　19
4,1-11　121

신약

마태
3,11　207
4,3　32
　6　32
　9　33
5,8　24 145
　22　145
　23-24　143
　27-28　63
　28　75 83
6,24　114
7,3-5　139
9,15　41
10,40　40

12,43-45　53
15,19　84
19,16-18　72
22,1-13　226
23,25-26　96
　26　85
25,36　173
27,3-5　94

마르
7,20-23　7

루카
1,46-55　206
　51　227
　51-52　229
　53　229
4,7　200
9,62　114
10,18　220
12,15　96 114
　16-21　94
　20　94 115
15,11-32　19
21,1-4　108

요한
4,34　178
6,1-15　200
　27　178
8,34　55
12,1-5　107
　5　94
　6　95 108
15,5　239

사도
5,1-11 108
18,1-3 177
20,34 177

로마
9,16 240
13,14 51 177

1코린
1,5 177
6,10 92 113
9,25 87
15,10 240
15,31 185 192

2코린
7,10 160

에페
4,26-27 140
  31 139 146
5,5 84
6,12 56 241

필리
2,3 210
3,8 217
3,12-14 56
4,11-12 50

콜로
3,5 84 114
  8 139 141

1테살
2,4 205
4,3 70 89
 7-8 70 89
 11-12 50 175
5,8 177
  17 144

2테살
3,7-8 176
  10 176
  12 178 189
  14 190
  15 190

1티모
2,8 144
6,10 92 96

2티모
4,7 56
   8 56

히브
6,12 178
12,14 89

야고
1,19 140
  20 134 145
4,6 225 227

1베드
5,5 227

2베드
2,3 113
  14 86
  19 55

1요한
3,15 144

성경 색인 271